JN139712

くまもと地域づくり

事例18選

新田時也
Nitta Tokiya

熊本日日新聞社

本書で紹介する熊本県の18地域

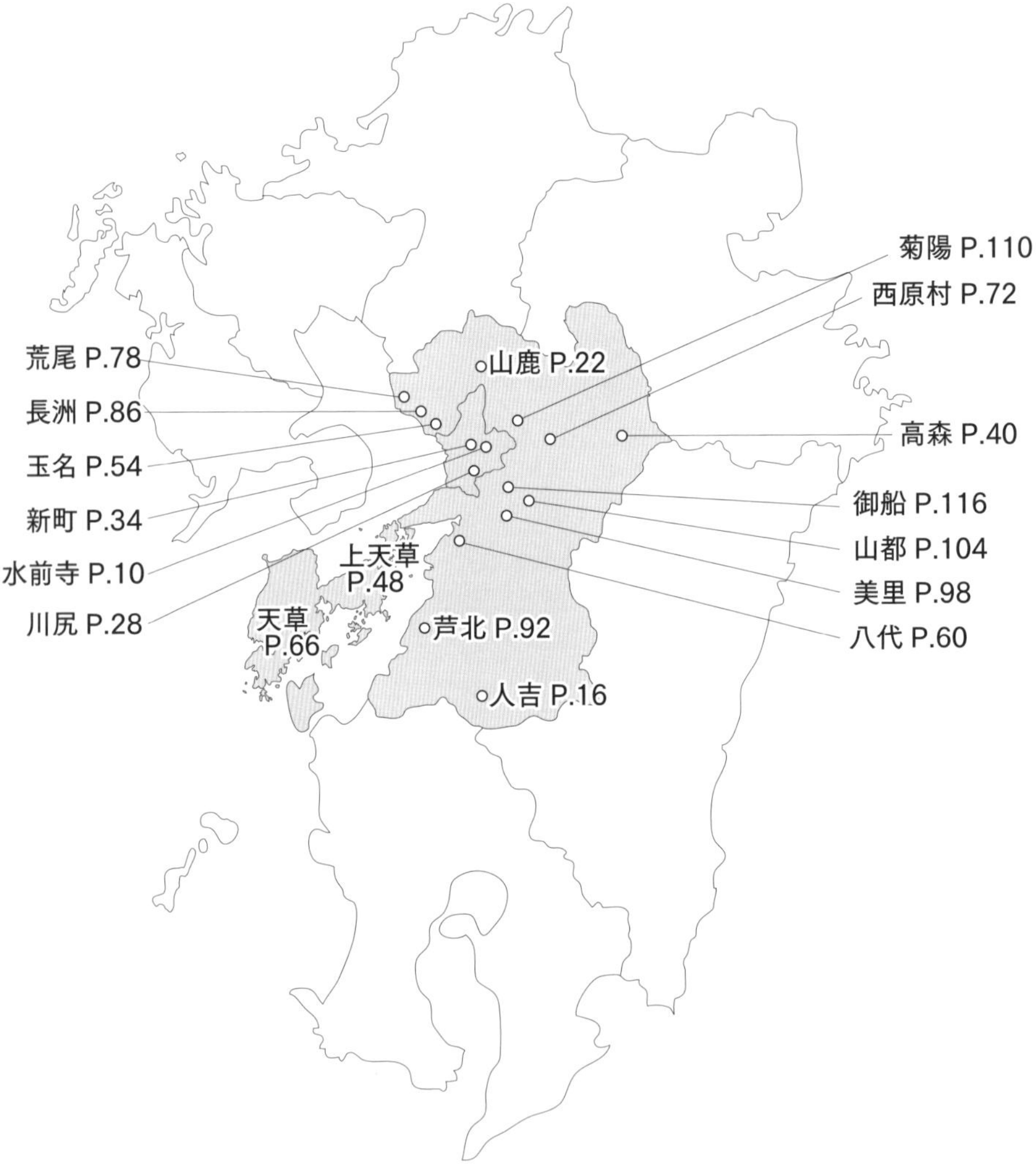

地域の魅力や人々の取り組み

熊本県知事　蒲島　郁夫

豊かな自然があり、そこで人が生活を営み、経済や文化が生まれる。世界最大級のカルデラを誇る阿蘇、美しい島々からなる天草、日本一の清流が流れる球磨盆地など、本県には多様な自然の恵みがあり、そこに生きる人々が独自の暮らしを送り、まちをつくり上げてきた。

本書は、県内各地において、食や農、文化など、地域の魅力をまちの元気につなげる人々の取り組みを丹念に取り上げている。加えて、その活動の背景にある各地域の自然や伝統にまで触れ、熊本が持つ豊かさや奥深さを伝えている。

折しも、この本が産声を上げる少し前に、震度7が短時間のうちに2回も襲う熊本地震が起き、県内で広範囲にわたり甚大な被害が発生した。多くの尊い命が失われたばかりでなく、人々の生活の基盤である家屋が見るも無残に倒壊した。県民の誇りである熊本城や阿蘇神社も崩れ落ち、国道57号線をはじめ経済交流に不可欠なインフラも大きく損なわれている。目下、県民一丸となって一日も早い復旧・復興を行うべく努力しているものの、特に観光産業への影響は深刻である。

我々は、熊本の豊かな自然の上に暮らしを営み、それを活かして魅力ある地域をつくり上げてきた。しかし今、その自然が人間に脅威をもたらしている。

復興への道のりはとてつもなく険しく、長い。それでも、本書で取り上げられた、地域を盛り上げてきた人々はもうすでに前を向いて立ち上がっている。元来、熊本の自然に助けられ、その恵みに感謝して生きてきた人々である。その豊かさと厳しさに改めて正面から向き合い、さらに力強く暮らしやまちを再生させるに違いない。

平成28年6月

新たな地域づくりの参考に

日本観光学会会長　秀明大学観光ビジネス学部教授　経済学博士（京都大学）
三　橋　　勇

熊本県は熊本城、水前寺公園、阿蘇神社を代表とする歴史及び文化遺産、また阿蘇山をはじめ多くの自然と食材に恵まれた観光地を有し、国内だけでなく海外の近隣諸国からも魅力ある観光デスティネーションとして注目されてきている。今後、２０２０年の東京オリンピックを控え、熊本地震被害からの諸施設の早期復旧と県民生活の安定を願う処である。

本書は熊本地震前における熊本県内地域での地場産業の経営者達などによる近年の観光振興・活性化を考える取り組みを紹介するものとなっている。

新田氏のこの著書では、旧概念にとらわれない地元における新たな取り組みとして水前寺（手作りのお祭りの誕生）、人吉（球磨焼酎を知り、農家と語ろう）、山鹿（街道を歩こう）、川尻（まちぐるみのお祭り）、新町（地元のお宝探検）、高森（新酒祭り）、上天草（地場産品を発信しよう）、玉名（地元の食材を知ろう）、八代（世界につながる〝食の祭典〟）、天草（特産品を開発しよう）、西原村（医福食農連携）、荒尾（売れる商品を作ろう）、長州（伝統産業を守ろう）、芦北（〝海〟を生かそう）、美里（〝農村〟を歩こう）、山都（自然いっぱいエコパーク）、菊陽（歴史に触れよう）、御船（〝太古〟の時代を知ろう）の18の事例をあげて観光まちづくりが説明されている。これは地元の舞台となるところの諸事を時系列とともに紹介しているために比較がし易く、今後のまちづくりの参考となるであろう。

観光を復興の道しるべに

日本国際観光学会会長　東洋大学国際地域学部国際観光学科長・教授
島　川　崇

　このたび、本学会でもご活躍の東海大学経営学部観光ビジネス学科（当時）の新田時也先生が『くまもと地域づくり事例18選』として、熊本の地域としての魅力を丁寧にまとめられて上梓されました。新田先生は、熊本に移られる前も、静岡で地域に根差した地域ならではの魅力を学会で精力的に発表をされており、その活動は学会内でも評判でございました。

　そんな折、今回の出版のタイミングと同じくして、二度にもわたる震度7の大地震が熊本地域を襲い、甚大なる被害が発生いたしました。多くの尊い命とともに、熊本城、阿蘇神社といった貴重な地域資源が破壊されたニュースを目の当たりにするたびに、心を痛めております。

　しかし、悔やんで立ち止まっていても始まりません。これから前を向いて力強く復興へと進んでいかなければなりません。「『観光』は復興に寄与することができる！」これは先の東日本大震災で多くの事例が証明いたしました。今回も九州ふっこう割といった観光振興施策が提示されております。まさにこの新田先生のご尽力の賜物である本書が、その復興に寄与する観光の道しるべとなってくれるものと私は信じております。もしかしたら、取り上げられた事例がそのまま残っていないかもしれません。そのときは、その地を訪れ、熊本の震災前の豊かな自然と人々の明るい声があふれていた地域の姿をぜひ想像していただきたい。想像することこそが、再生への力となります。

　熊本地域の一刻も早い復興を願って、推薦の言葉とさせていただきます。

くまもと地域づくり事例18選

※各パネラーの役職は、セミナー開催当時のものです。

はじめに

筆者の研究室「フードツーリズム研究室」（当時）では、平成25年10月から平成27年3月の期間中、おおむねひと月に1回のペースで、東海大学総合研究機構から研究集会補助を受け「熊本地域セミナー」を開催した。期間中、熊本県内の18地域を取り上げ、各地域で「まちづくり」の活性化にご尽力くださっている代表の方をお呼びして、公開シンポジウム形式で、一般の方、行政関係者、研究者、学生とともに討論会を行った。

本書は、これら18地域の活動を、「賑わいづくり」、「食の活用」および「歴史・自然・伝統資源の活用」の3つに分類して、事例から読み取れる「まちづくり」の重要性、技法、問題点をまとめ上げたものである。併せて、各項目のまとめに即しながら、経済学の立場から「まちづくり」を理論付けるため、3つのワンポイント経済学を挿入している。「賑わいづくり」には「祭りの経済効果」、「食の活用」には「6次産業」、そして「歴史・自然・伝統資源の活用」には「環境経済学」というように、そのエッセンスを述べている。

本書は、熊本県の「まちづくり」事例を紹介するスタイルをとりながら、普遍的な「まちづくり」の意義（あり方）を筆者なりに整理したものであるが、熊本県のみならず、広く「まちづくり」に携わられる識者の皆様にご笑覧いただき、ご見識を頂戴できれば、この上ない喜びである。

第一章◉
賑わいづくり

水前寺／人吉／山鹿／川尻／新町／高森

水前寺「手作りのお祭りの誕生!」

水前寺の活性化を考える

実施日　２０１３年10月31日㈭　時間　14：00～15：30　開催場所　びぷれす熊日会館７階

ｅｓｓｅｎｃｅ十満十　代表　堀川　忠志氏
株式会社野田商店　観光事業部　営業部長　森本　誠喜氏
株式会社佐竹経理部　佐竹　信彦氏
熊本市中央区　首席民生審議員兼まちづくり推進課長　野口　恭子氏

◆紹介

「水前寺」は水前寺成趣園を有する熊本有数の観光地として、全国的にも有名である。成趣園は、東海道五拾三次を模しているといわれており、肥後熊本藩三代藩主、細川綱利（寛永20～正徳４年）の治世に完成した。明治10年、西南の役後、旧細川藩主を敬い慕っていた旧藩士たちが中心となり、明治11年10月７日、成趣園を境内地として、肥後細川家の祖である幽斎（藤孝。天文３～慶長15年）、幽斎の長子でガラシャ（永禄６～慶長５年）を正室とした忠興（永禄６～正保２年）以下、歴代藩主を祀る「出水神社」が創建され今日に至る。出水神社の事務局長である上村秋生氏によれば、桃山式の優美な回遊式庭園の成趣園は、陶淵明（３６５～４２７年）「帰去来辞」より命名されたという。参道の入り口には、大鳥居が建立されており、参道には、熊本特産の土産品を扱っている冨久屋物産店、熊本名物「いきなり団子」を初めて土産品にしたことで知られるお菓子のふどきやなどが昔ながらのたたずまいで並んでおり、老舗観光地としての風情を醸し出している。ちなみに、「チータ」の愛称で知られる歌手で女優の水前寺清子（本名　林田民子）は、芸名を水前寺成趣園と加藤清正（永禄5～慶長16年）から取っており、平成元年2月28日、成趣園内の出水神社で挙式した。

＊参考「水前寺成趣園」のホームページ

◆ねらい

水前寺は、観光客数の減少が続いて久しい。熊本市観光統計によれば、平成26年の熊本城の観光施設入園者数は１６０万人弱、水前寺成趣園は35万人強であり、前年よりも8万人程度増加したとはいえ、観光地としての失地回復が求められている。

◆取り組み

近年、観光地としての失地回復を目指して、水前寺の地元商店街を中心とした動きが活発である。水前寺参道では、国内外観光客をターゲットにもてなす「参道カフェ」が、現在不定期に開催されている。平成25年11月10日付の熊本日日新聞「水前寺ゆっくり見て　地元有志　きょうからおもてなし参道カフェ」によれば、水前寺成趣園周辺の商店街や自治会でつくる水前寺活性化プロジェクトチーム（永野陽子代表）が、1年で最も来園者の多い秋の行楽シーズンに、水前寺の魅力を知ってもらい、広く伝えてもらおうと、平成25年11月の各日曜日、成趣園参道で「おもてなし参道カ

水前寺成趣園
（熊本日日新聞　2015.2.17）

フェ」を初めて企画したという。水前寺活性化プロジェクトチームの田中祐二氏（水前寺まつり実行委員会事務局）は語る。

水前寺活性化プロジェクトチームを発足した経緯は？―　水前寺活性化プロジェクトチームは、水前寺成趣園の入園者数の減少からの回復と、地域の方に水前寺地域全体を知ってもらおうということで、地元自治会が中心となって、平成24年に発足しました。

また、水前寺を題材とした水前寺をどり（踊り）も新たに作られ、「花童」（はなわらべ）が和楽と邦舞を披露している。同会は、邦楽演奏家であり日本舞踊と水穂流家元の中村花誠氏（一般社団法人　舞踊団花童理事長）が平成12年に結成。少女舞踊団「ザ・わらべ」と子供舞踊団「こわらべ」で構成されている。中村氏は地元に根付いた本格的な和楽と舞踊の世界を長年にわたって創作しており、同会は、国際交流として、韓国や上海でも興行を行っている。

「水前寺成趣園」（作詞　永野陽子氏）

遠い世の　人の思いを　しのばせる　清いいずみは　悠久に　永きを生きて
静かにかたる　きらめく光　さざ波を　鯉もあそぶ　成趣園

水前寺の活性化を目指す根本には、「おもてなし」の気持ちがある。その他、水前寺参道商店会の副会長である北原秀敏氏は、参道の盛り上げとして、平成25

水前寺セミナーの様子
（髙山秀造氏　2013.10.31撮影）

年5月から毎月第1日曜日に蚤の市をスタートさせ、現在に至っている。

◆成果

参道カフェ、水前寺をどり（踊り）などのもてなしにより、次第に観光客数も増加傾向にある。地元住民にも参道を訪れてもらおうと、参道でにぎわい市（朝市）をほぼ定期的に開催し、それにより地元住民の参道への回帰が図られている。北原氏の主催する蚤の市は、現在名称をにぎわい市に変更して継続している。田中氏は語る。

成果は、いかがですか？——水前寺成趣園の自助努力や地域との相互協力のもと、参道カフェ以外にも小さな事業を、地域住民の方々と少しずつ行うことにより、現在では水前寺参道商店街の閉店舗の改善や入園者数の上昇がみられます。

また、加勢川の上流にある水前寺と、河口に位置する川尻とは、友好な結びつきを深めている。平成26年2月6日付の熊本日日新聞の記事「水前寺成趣園和菓子で表現　南区川尻地域の職人『開懐世利六菓匠』」によれば、熊本市南区川尻地域の菓子職人でつくる「開懐世利六菓匠」（本書「川尻」の項参照）が、水前寺成趣園をモチーフにして、同園の全景をイメージした工芸菓子を創作しており、これらを平成26年2月8、9日、川尻の「くまもと工芸会館」で

にぎわい市の様子
（水前寺参道商店会）

参道カフェの様子
（水前寺活性化プロジェクトチーム）

開催された「和菓子とのふれあい工房２０１４」で披露している。

◆その後

地域づくりの動きは、参道から離れた新水前寺界隈でも始まった。地元居酒屋「ひげ八」の店主である川上清太氏が中心となり、地元商店の若きリーダーをまとめ上げ、平成26年、「新水前寺にぎわせ隊」を結成。川上氏が代表を務める。それまでは、利害が衝突する商店主同士が、一つになることはあり得ないことだった。それだけに、地元が一丸となり水前寺の活性化に取り組もうとする姿勢が感じられる。当団体を結成するに際し、川上氏は、「身震いがした」と、当時のことを語った。

その新水前寺にぎわせ隊が中心となり、熊本市のサポート、地元の大学、高校、企業などの連携で、あらたな賑わいづくりの祭りが、水前寺に生まれた。産・官・学・民がひとつとなった手作りの祭りの誕生である。平成26年10月29日、「水まち水前寺にぎわい祭り」が、熊本市中央区水前寺の戸井の外公園で開催された。実行委員会会長は杉光定則氏（株式会社熊本放送取締役。当時、熊本ルネッサンス県民運動本部事務局長）、川上氏が同委員長。水前寺一帯の活性化を目的とした初の祭りとして現在に至っており、新たな水前寺の歴史を産・官・学・民が一つとなって作り上げている。

水まち水前寺にぎわい祭りの様子
（小野翔平氏　2015.11.8撮影）Ⓒ 2010熊本県くまモン

◆トピックス　玄宅寺とからし蓮根

水前寺成趣園の横に、曹洞宗のお寺「玄宅寺」がある。水前寺「取り組み」でも紹介した永野氏が在住している。玄宅寺は、肥後熊本藩初代藩主、細川忠利（天正14～寛永18年）に招かれた羅漢寺（耶馬渓、大分県）の僧、玄宅（生没年未詳）に由来するといわれている。この「玄宅寺」は、熊本の有名な土産品「からし蓮根」と、縁深い。これは蓮根の穴にからしを詰め込んで、油（菜種油）で揚げて食するものである。玄宅は病弱の忠利に、寛永9年頃、滋養強壮として、このからし蓮根を薦めた人物として知られている。そのため、ここ玄宅寺は、からし蓮根の発祥地といわれる。熊本市中央区新町にある「元祖　森からし蓮根」の女将（十七代目）である森裕子氏によれば、「蓮根は栄養価が高く、造血剤としても薬効があることに玄宅和尚が目をつけて、忠利の健康増進のためからし蓮根を開発した。それが始まりで、からし蓮根は細川藩の保護のもとに守られ続けた。それが明治維新で一変し、庶民の口にも入るようになった」とのことである。森氏によれば、からし蓮根を薄切りにすれば、サンドイッチやサラダに最適、とのことである。水前寺参道界隈にも、からし蓮根を扱う商店は多い。熱々のからし蓮根を、その場で揚げて販売もしている。水前寺は、阿蘇からの伏流水である清らかな水と鯉が有名であるが、からし蓮根を食べ「ながら」、玄宅寺の歴史に触れ「ながら」の「ながら・ぶらり水前寺」は、いかがであろうか。

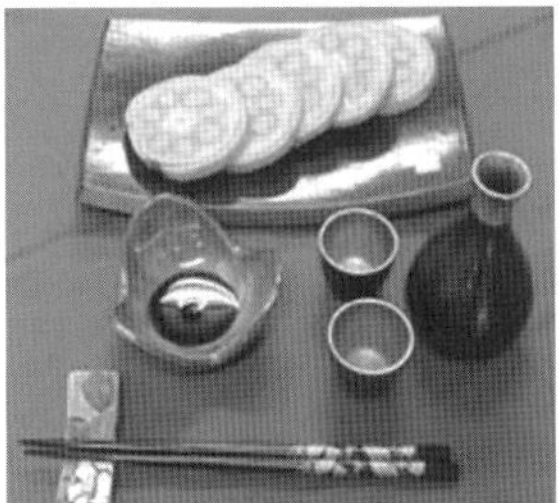

からし蓮根
（森からし蓮根有限会社）

人吉「球磨焼酎を知り、農家と語ろう！」

人吉の「郷土料理」と「球磨焼酎」で地域経済活性化を考える

実施日　２０１４年１月30日㈭　**時間**　14：00～15：30　**開催場所**　びぷれす熊日会館７階

ひまわり亭　オーナー　本田　節氏
織月酒造株式会社　専務　堤　純子氏
株式会社野田商店　観光事業部　営業部長　森本　誠喜氏

◆紹介

「人吉」は廃藩置県まで、人吉藩相良氏の領地として存続した。人吉城は別名、繊月城とも呼ばれ、平成18年に日本百名城に選定された名城である。城跡は現在、公園として地元住民の憩いの場となっている。また青井阿蘇神社は大同元年に創建された神社であり、平成20年６月、本殿、廊、幣殿、拝殿、楼門が熊本県で現存するものとして、初めての国宝指定となった。茅葺の社寺建築としては全国初の国宝である。歴史的建造物だけではなく、人吉は温泉と自然にも恵まれている。人吉温泉は、明応元年、相良家12代当主、相良為続（文安４～明応９年）が湯治をしたという記録が残るほど、歴史の古い温泉地である。高い美肌効果が特徴であり、女性に人気とのことである。球磨川は、日本三大

国宝青井阿蘇神社
（熊本日日新聞　2014.7.17）

急流のひとつである。球磨川を木舟で下る球磨川下りは、スリル満点のアドベンチャーであり、人吉城跡周辺を周遊する「球磨川遊覧舟　梅花の渡し」も期間限定で運航されている。

＊参考「人吉市」ホームページ

◆ねらい

人吉は球磨川の清流が育む熊本の奥座敷である。米づくりが盛んで、米からつくる「球磨焼酎」の蔵が30近く存在する。全国的に米焼酎は珍しいにも関わらず、球磨焼酎の全国的な知名度は低い。売り込みのためにも、賑わいの創出でひとつとなり、人吉をアピールしていくことが求められている。

人吉セミナーの様子
（髙山秀造氏　2014.1.30撮影）

◆取り組み

人吉の球磨焼酎は、清流球磨川が育んだ米で作られる良質の焼酎である。その歴史は16世紀前半から始まる。17世紀半ば、酒造株制度が開始され、人吉城下では焼酎醸造販売には「株」が必要となる。米焼酎は貴重品の時代であり、農民が口にするものは大麦など、雑穀の自家製焼酎であった。明治になり、酒造株制度が廃止。届け出れば誰でも酒造が可能となり、結果約60軒の酒造所ができたが、平成27年現在は28軒となっている。その中の織月酒造株式会社では、普段の焼酎づくりを工場で見学するだけではなく、地元、人吉への感謝と球磨焼酎のアピールを兼ねて、「織月まつり」を毎年5月に開催。球磨焼酎に触れてもらうために古酒の試飲が企画されている。

「球磨焼酎の人吉」を全国区に押し上げるには、地元農家の食の力も必要である。伝承の家庭料理で人気の「ひまわり亭」では、創作性を取り入れることで、賑わいづくりに力を注いでいる。オーナーであり、本セミナーでパネラーの本田氏は語る。

球磨焼酎と人吉の食文化との関わりは?— 人吉球磨の食は、発酵食の文化。人吉球磨は海から遠く山奥ですが、塩イワシ、塩サンマ、塩クジラなど、水産物を発酵させて食する文化があります。もちろん、山菜料理もですが、これらはすべて球磨焼酎と関わりを持って発展してきました。人吉では、農作業の後、一日の疲れの回復と空腹を満たすために、山菜料理や発酵食とともに、球磨焼酎を楽しむ習慣があり、手間隙かけない人吉の家庭料理と球磨焼酎が、わたしたちの心とからだを、リフレッシュしてくれます。球磨焼酎の良さを、もっとアピールするお手伝いをしたいです。

＊参考「球磨焼酎酒造組合」ホームページ

◆成果

織月酒造株式会社の織月まつりは、賑わいを創出することで、球磨焼酎の存在感をアピールしている。また、織月酒造の球磨焼酎『川辺』が、平成25年にアメリカ・ロサンゼルスで開催されたインターナショナル・スピリッツ・アワードで最高金賞の栄誉に輝き、球磨焼酎の質の面からも、世界に存在感をアピールしている。堤氏は語る。

球磨焼酎『川辺』の受賞を通して、発信したいことは?— 人吉の水は、熊本でも有数の清らかさです。球磨

ひまわり亭の創作料理
(ひまわり亭)

焼酎『川辺』の栄誉ある受賞を機に、人吉の自然、水の良さ、米の良さ、すばらしさを世界に伝えることができればと考えています。米焼酎には、長い歴史があります。貴重な米を使って作る球磨焼酎は、人吉の誇りです。芋や麦に押されて、全国区での浸透がまだまだですが、今回の受賞で、熊本の米焼酎である球磨焼酎を広く知っていただき、愛していただきたいです。

◆その後

ＪＲ人吉駅横に、「人吉鉄道ミュージアムMOZOCAステーション８６８」が開館。以下は副館長である池下英治氏と筆者とのやりとりである。

開館のねらいは？— 世界遺産登録を目指す肥薩線の発信拠点として。

展示物は？— 通称〝山線〟と呼ばれる肥薩線大畑駅のループ線・スイッチバックを模したミニジオラマの展示と、〝山線〟の線路上をカートトローリーで走行する模様や工業デザイナー水戸岡鋭治氏の手掛けた乗り物に関する映像も流しています。地元鉄道で実際に使用されていた橋梁プレートや列車備品などもあります。

本施設が地域に果たす期待は？— 新たな観光拠点として、本施設の集客力が当地の観光業界に波及効果を与えることができればと願います。「１００年レイル肥薩線」（平成21年に肥薩線全線開通１００周年を迎えてい

織月まつりの様子
（株式会社醸界タイムス社　上籠竜一氏）

る）としての永久的な存続も願われるところでもあり、本施設とともに、この鉄道遺産の魅力発信することで、人吉が十分に認知され脚光を浴び続けられるように期待しています。

その他、アピールできる点は？—

人吉駅の隣に位置しており、駅には全国で唯一残る石倉の機関庫や、ＳＬ用転車台など、歴史的文化的価値の高い施設が現存しています。これらの施設を含むエリア一体が鉄道ミュージアムと呼べます。通常、ミニトレインの走る施設では周囲に柵を設けて事故防止を図りますが、子どもに危険という感覚を体感させるために、あえて実際の鉄道と同じく、柵は設けていないなど、自動化により、すべてを便利にすれば良いというものではないという水戸岡氏の思いが込められている施設でもあります。

ＳＬ人吉に手を振るミニトレインの親子連れの様子
（人吉鉄道ミュージアム MOZOCA ステーション868）

◆トピックス　球磨川

人吉盆地を貫いて流れる熊本県内最大の川、１級河川「球磨川」。温泉地の人吉を貫く球磨川は、伊豆修善寺の桂川とかぶさるものがあるが、こちらは、最上川（山形県）、富士川（静岡県）と並ぶ日本三大急流のひとつである。球磨川水系の本流であり、川辺川をはじめとする支流を併せながら、八代平野に至り、八代海（不知火海）に注ぐ。木舟で下る球磨川下り（江戸時代、相良氏が参勤交代で使っていたとのこと）、ゴムボートで下るラフティング（rafting）が、急流のアドベンチャーとして人気である。球磨川下りは「清冽な自然美が、叙情を誘う」、球磨川のラフティングは「九州で唯一！　究極スリリングな川遊び」と紹介されている。30センチ以上の大きなアユ、「尺アユ」釣りも、全国的に人気である。平成26年8月31日付の熊本日日新聞の記事、「太公望　腕前競う　球磨川で大鮎釣り大会」によれば、釣り上げたアユ3匹の合計の長さを競う、日本一の大鮎釣り選手権大会が開催されているとのことである。

＊参考「人吉市」ホームページ

＊参考「くま川下り株式会社」ホームページ

観光客に人気の球磨川下り
（熊本日日新聞　2015.1.3掲載）

山鹿「街道を歩こう!」

「山鹿の旅館、飲食産業、伝統芸能のコラボでまちづくり」―米米惣門ツアー―

実施日　2014年3月14日㈮　時間　14：00～15：30　開催場所　ぴぷれす熊日会館7階

山鹿温泉観光協会　会長　井口　圭祐氏
千代の園酒造株式会社　代表取締役社長　本田　雅晴氏
一般財団法人山鹿市地域振興公社　文化施設管理　係長　石橋　和幸氏
株式会社野田商店　観光事業部　営業部長　森本　誠喜氏

◆紹介

「山鹿」は菊池川の中流部に位置し、豊前街道の宿場町として栄えた。山鹿市は、平成17年1月、山鹿市、鹿北町、菊鹿町、鹿本町、鹿央町が合併して誕生。山鹿には、山鹿温泉、熊入温泉、平山温泉、菊鹿温泉、鹿本温泉があり、中でも、細川藩の「さくら湯」が平成24年に復元。江戸時代の参勤交代路であった豊前街道沿いには、明治の芝居小屋「八千代座」（国指定重要文化財）もある。こちらは、明治43年に建築の、江戸時代様式の伝統的な芝居小屋であり、修復修理後、今も現役である。また、伝統工芸として、和紙だけで作られる「山鹿灯籠」が有名である。史跡としては、チブサン古墳に代表される数多

八千代座
（熊本日日新聞　2002.10.4掲載）

くの装飾古墳群、邪馬台国時代の県内最大の集落遺跡である方保田東原遺跡、大和朝廷によって築かれた鞠智城など、多くの国指定史跡を有している。農産物では、平成24年、日本穀物検定協会コメ食味ランキングで日本一になった良質な米、菊鹿地区で採れるブドウを使った菊鹿ワインが好評である。

＊参考「山鹿市」ホームページ

◆ねらい

山鹿は前述したとおり、かつては豊前街道の宿場町として栄えた。しかし、その後、薩摩街道の国道3号線化により、豊前街道の往来が減少し、かつての賑わいが廃れてくる。この賑わいをどのように取り戻すかが求められた。

◆取り組み

豊前街道沿いの酒蔵、商店主が、「米」と「惣門」をキーワードに、着地型観光に取り組んだのが、「米米惣門ツアー」である。味噌蔵に酒蔵、手焼きの煎餅屋など、山鹿の米にまつわるスポットをリレー方式で紹介する。豊前街道とは、肥後（熊本市）を起点として、豊前の小倉（北九州市）に至る道のことで、参勤交代にも利用されていた。この米米惣門ツアーであるが、本セミナーのパネラーである本田氏と井口氏が中心となり、企画したものである。井口氏は語る。

ツアー誕生のきっかけは?― ＮＨＫ連続テレビドラマ『オード

山鹿セミナーの様子
（髙山秀造氏　2014.3.14撮影）

リー』※のロケ地が山鹿で行われたのがきっかけ。ロケで長い時間つき合わされたので、ドラマで山鹿の様子が長く放映されると思い、このドラマを見た人たちが、かならず、山鹿を訪れてくれるだろうと信じて、山鹿の良さを発信するツアーを作ることにしました。

残念ながらドラマでの山鹿のシーンは短かったが、これをきっかけに山鹿の良さを発信しようと、米米惣門ツアーが誕生した。まさに、誕生秘話といえるだろう。

※『オードリー』（平成12年10月2日〜平成13年3月31日、ＮＨＫ）は京都市太秦を舞台に、産みの母と育ての母の間で揺れながら成長したヒロイン・美月が映画に人生をささげていく姿を描いたドラマ。

米米惣門ツアーは、平成12年11月3日に初ツアーが行われた。現在ツアーでは、麹製造・販売・卸をおこなう天保年間創業の木屋本店や、老舗酒造メーカーである千代の園酒造などを見学。また、かつて一切経の経典が収められていた蔵（現在納骨堂として使用）があり、西南の役で住民自治の発祥の地になった光専寺を訪れたり、せんべい工房でせんべいづくりを体験するなど、内容は盛りだくさんだ。米米惣門ツアーの惣門とは、豊前街道入り口にあった門の名から採用した、とのことである。

せんべい作りの実演
（山鹿温泉観光協会）

光専寺での米米惣門ツアーの様子
（山鹿温泉観光協会）

◆成果

米米惣門ツアーは、1人500円と安価な点や、米に関わる豊前街道の魅力を広く豊富に知ることができる点、老舗酒造での試飲や酒資料館を体験・見学できる点などが好評で、ツアー客は増加中である。セミナーの中で井口氏は、「今では、ツアーの内容、手際も良くなり、ツアー客をあきさせない技術も向上しました。今後は後継者の養成を図りたいです」と語る。ツアーは、現在まで十数年続いているが、大手旅行会社のツアー企画として声がかかるほど大きく成長しており、民間主導の着地型観光ツアーの成功事例と言えよう。また、千代の園酒造では、恒例の「新酒まつり」が例年3月に開催されている。本セミナーのパネラーである本田氏は語る。

新酒まつりと米米惣門ツアーの関係は？―新酒まつりのときは、米米惣門ツアーを朝1回だけ開催。その後、芝居小屋、八千代座まで歩いて行かれる人も多く、新酒まつりと米米惣門ツアーは、豊前街道の魅力を伝えるために、上手く連動しています。

ちなみに、全国規模の日本酒コンテスト「ワイングラスでおいしい日本酒アワード2015」の大吟醸部門で、千代の園酒造の『大吟醸千代の園 EXCEL』が最高金賞を受賞している。

新酒まつりの様子
(千代の園酒造株式会社)

◆その後

米と惣門をキーワードに始めた、まさに手作りの着地型観光である。さくら湯ルート、八千代座ルートが整備されており、あらたなルートの開発を視野に、後継者の育成にも取り組んでいる。平成27年3月3日、米米惣門ツアーは、国土交通相が認定する「手づくり郷土（ふるさと）賞」を受賞。また、千代の園酒造では、地域の農家と連携した酒造りも続いている。平成27年5月28日付の熊本日日新聞の記事「おいしい酒、造って飲みたい！　産山村　愛飲家ら原料米田植え」によれば、産山《うぶやま》産の米で造る日本酒『産山村』の愛飲家ら約60人が、同年5月24日、同村山鹿の水田約20アールで酒米「五百万石」の苗を植えたとある。村の農家4戸が平成7年、「自分たちの米で造った酒を飲みたい」と研究会をつくり、山鹿市の千代の園酒造に頼んだのが始まりとのこと。

酒米「五百万石」の苗を植える参加者たち＝産山村

おいしい酒　造って飲みたい！

産山村　**愛飲家ら原料米田植え**

産山産の米で造る日本酒「産山村」の愛飲家ら約60人が24日、同村山鹿の水田約20㌃で酒米「五百万石」の苗を植えた。

消費者との交流田植えは今年で19回目。村の農家4戸が1995年、「自分たちの米で造った酒を飲みたい」と研究会をつくり、山鹿市の千代の園酒造に頼んだのが始まりで、今年も年末に一升瓶約3千本分を仕込む。

田植えには、「産山村」の純米吟醸と無ろ過生原酒を扱う熊本市の二つの酒店の顧客や同酒造社長の本田雅晴さん(61)らが参加。研究会メンバーの高橋誠一さん(68)の水田に手植えした。コイを放して無農薬で栽培し、仕込みに同村の池山水源の水を使う。

熊本市で小料理店を営む中山恵さん(36)は「田植えは3回目。米作りや酒造りに携わる人たちと知り合い、みんなの気持ちをのせて店で提供している。『おいしい』と言われると誇らしい」と話した。　（亀井宏二）

手植えを伝える記事
（熊本日日新聞　2015.5.28掲載）

◆トピックス　山鹿灯籠まつり

「山鹿灯籠まつり」は、毎年8月15、16日の2日間にわたり行われる、山鹿最大の夏祭りである。奉納灯籠、花火大会、たいまつ行列など、盛りだくさんの内容となっており、最終日には、頭上に山鹿灯籠を乗せた女性たちが、「よへほ」の掛け声で輪になって優雅に舞い踊る、祭りのハイライトである「千人灯籠踊り」が開催される。昔、景行天皇が九州巡幸中、加茂の浦の湖（現、山鹿市）で濃霧が立ちこめ、進路を見失ったとき、地元住民が松明を灯して一行を大宮神社まで導いた。この松明がのちに灯籠となって神社に奉納されたのが山鹿灯籠まつりの起源とされるが、諸説あり定かではない。幻想的な千人灯籠踊りは、山鹿市外からの参加も２００人ほど募集している。対象は、市外在住の高校生以上の女性。その他、条件もあるようだが、ご参加はいかがであろうか。お問い合わせは、山鹿灯籠まつり実行委員会（山鹿市商工観光課）。ちなみに、山鹿灯籠は、平成25年12月26日、国指定伝統的工芸品に指定された。

＊参考「山鹿温泉観光協会」ホームページ

千人灯籠踊り（熊本日日新聞　2015.8.16撮影）

川尻「まちぐるみのお祭り！」

川尻の酒蔵、和菓子、伝統的工芸で地域おこし－「瑞鷹」、「開懐世利六菓匠」、「肥後象がん」－

実施日　２０１４年６月９日(月)　時間　14：00～15：30　開催場所　びぷれす熊日会館７階

瑞鷹株式会社　取締役営業開発部長　吉村謙太郎氏
開懐世利六菓匠　立山菓舗　立山　学氏
伝統的工芸品肥後象がん　肥後象がん振興会　稲田憲太郎氏
株式会社野田商店　観光事業部　営業部長　森本　誠喜氏

◆紹介

「川尻」は緑川、加勢川の河口に位置し、中世からその水運を利用して、熊本の外港、物流の町として栄えた。薩摩街道の宿場町、職人町としても栄え、室町時代から続く「川尻刃物」、「川尻桶」が有名である。宅野雄二朗氏（熊本市くまもと工芸会館館長）によると、「川尻刃物」、「川尻桶」、「肥後絣に代表される染織」が、かつての川尻三大産業であったという。また熊本市くまもと工芸会館では現在、「肥後象がん」の工芸品年間教室を開講しているが、これは熊本城下の新町、細工町一帯で行われ、川尻で行われたという文献は見つかっていないとのことである。また、加藤清正（永禄５～慶長16年）によって

1960年当時の川尻の町並み
（熊本日日新聞　1960.6.8掲載）

町づくりが進められ、熊本の中でも、政治経済の中心地として発展した、歴史的に由緒ある町である。地元の歴史などを研究している川尻文化の会が、熊本市南部地域歴史研究会と共同で、2年をかけて編纂した歴史読本『ふるさとの歴史　川尻』を、ご参照いただければ幸いである。川尻出身の不世出の柔道家、木村政彦（大正6～平成5年）の功績についても、取り上げられている。問い合わせ先は熊本市くまもと工芸会館まで。

＊参考「熊本市南区」のホームページ

＊参考「熊本市 くまもと工芸会館」のホームページ

◆ねらい

川尻は前述したように、江戸時代から熊本の物流の町、宿場町として栄えてきたが、国道3号線（川尻バイパス）の開通により、旧川尻の宿場は素通りとなってしまい、かつての賑わいが失われた。この賑わいを取り戻すことが求められた。

◆取り組み

川尻には、老舗酒造メーカーである瑞鷹株式会社があり、熊本の伝統酒である「赤酒」を製造している。以下は、本セミナーのパネラーである吉村氏と筆者のやりとりである。

赤酒の由来と製法は？—瑞鷹は慶応3年創業で、赤酒は肥後細川藩の御國酒でした。球磨焼酎は相良藩の御國酒。当時は一つの藩に、一つの

川尻セミナーの様子
（髙山秀造氏　2014.6.9撮影）

御國酒がありました。赤酒は並行複発酵という清酒造りの工程で造られ、酒税法上はみりんに近い雑酒。その独特の製法により、非常に甘くエキス分の多いお酒となり、そこに保存性を保つため木灰《もくはい》を投入することで、微アルカリ性になり、時間の経過とともに糖分やアミノ酸が反応し、自然に赤茶色に着色します。

赤酒を、まちづくりにどう生かすか？― 熊本で赤酒は、お屠蘇としていただく伝統あるお酒です。また、川尻は加勢川の河口にあり、かつて物流、商業で栄え、肥後細川藩の米蔵がありました。米蔵のあるところには、お菓子と酒蔵が集まります。この米蔵を文化財に指定して、伝統のお酒、赤酒と共に、川尻を盛り立てようと運動しています。

川尻は伝統的に和菓子も有名で、その和菓子職人のグループが「開懐世利六菓匠《かわせりろっかしょう》」だ。本セミナーのパネラーである立山学氏も、そのグループの一人。この瑞鷹と開懐世利六菓匠が協力して、例年2月から3月にかけて「川尻月間」と称した町おこしイベントを開催。工芸菓子や盆景の展示、和菓子づくり実演・販売、茶席などの、開懐世利六菓匠が中心となるイベント「和菓子とのふれあい工房」が2月初旬に開催され、こちらが川尻月間の幕開けとなる。続けて、加勢川川下り、川尻史跡めぐり、川尻をどり（踊り）などが開催され、フィナーレは、瑞鷹が中心となるイベント「川尻の酒蔵まつり」である。

職人による和菓子づくりの実演・販売の様子
（熊本市くまもと工芸会館）

◆成果

川尻月間とは、平成13年に始まった、2月からひと月を通して開催されるまちぐるみの祭りである。最終日に開催される川尻の酒蔵まつりには、7000人もの来客があり、和菓子の販売とも合わせて、川尻の賑わいを創出している。立山氏は語る。

川尻月間での和菓子販売による、まちづくりへの成果は？――熊本は饅頭が中心で、和菓子はまだまだ浸透していない状況です。川尻月間での工芸菓子の展示等を通して、高級御菓子としての和菓子を、川尻から発信、アピールしていきたい。それが、川尻のまちづくりにつながると考えています。

この川尻月間は、平成28年からは「かわしり春ものがたり」として、新たにスタートした。こちらは、新たに組織されたかわしり春ものがたり実行委員会（主催）と、熊本市くまもと工芸会館（共催）が中心となって取り組んでいる。宅野氏によれば、かわしり春ものがたりは、和菓子とのふれあい工房、川尻の酒蔵まつりの開催日前後に各種イベントを集中させて、川尻町全体でイベントを展開。訪れた方々が川尻での1日を楽しめるようにしている。

酒蔵まつりの様子
（株式会社醸界タイムス社　上籠竜一氏）

◆その後

加勢川は水前寺成趣園からの湧水を源に持つ縁で、川尻は水前寺のまちづくりと連携を始めている。開懐世利六菓匠は、水前寺成趣園内の古今伝授の間をお菓子で工芸し、水前寺の祭りにあわせて展示した。中心となったのは立山氏である。立山氏がその経緯を語った。

水前寺成趣園内『古今伝授の間』をお菓子で工芸した経緯は？—

２０２０年夏季、東京オリンピックが決まり、「熊本のおもてなしは水前寺だろう」ということでつくりました。

加勢川の上流の水前寺と、河口の川尻の友好のしるしである。平成26年2月6日付の熊本日日新聞の記事「水前寺成趣園　和菓子で表現」によれば、水前寺成趣園の池は、水色に着色したグラニュー糖で作られたことや、白あんで作られたコイが泳ぎ、卵白と粉糖を混ぜて作られた橋が架けられたとある。メーンの古今伝授の間は、壁や柱、敷物などを寒梅粉と砂糖で作った雲平《うんぺい》で表現。かやぶき屋根はらくがん粉を使用しているとのこと。このような功績を称え、平成26年9月26日、開懐世利六菓匠に第36回サントリー地域文化賞が授与された。川尻セミナー後の栄誉である。

水前寺成趣園を表現した工芸菓子
（熊本市くまもと工芸会館）

◆トピックス　川尻の水運

川尻には、国指定史跡熊本藩川尻米蔵跡があり、この史跡は、肥後細川藩時代の緑川やその支流である加勢川を利用した水運を物語るものである。川尻の水運は、加藤清正により、軍港、年貢米の積み出し港として整備されたのが始まりである。すなわち、川尻には、清正から細川氏までの水運の歴史が見て取れる。また川尻の近くにある富合町には、清正が築いた現在も現役の自動扉の水門「井樋橋」がある。平成25年8月24日付の熊本日日新聞の記事「湧々散歩・熊本市水遺産めぐり（14）」によれば、井樋橋は、慶長13年に完成。井桁に組まれた石の柱、観音開きの木製水門で、普段は開いている水門が、満潮時になると水の圧力を受けて閉じる構造になっているという。九州新幹線の総合車両所のそばであり、江戸時代の全自動水門である井樋橋は、観光資源としても注目されているとのことである。ぜひ、川尻にお越しの際には、富合町まで足をお運びいただき、清正公の土木技術の凄さをご堪能いただきたい。

＊参考「熊本市　くまもと工芸会館」のホームページ

今もなお機能をはたす井樋橋
（熊本市南区富合町）

江戸時代の船着場跡
（熊本市・牧野氏）

新町「地元のお宝探検！」

熊本の門前町と城下町のまちづくり―加藤清正公と本妙寺、熊本の料亭料理のおもてなし―

実施日　２０１４年７月28日㈪　時間　14：00～15：30　開催場所　びぷれす熊日会館７階

日蓮宗六条門流　肥後本妙寺　住職　池上　正示氏
一新まちづくりの会　監事　毛利　秀士氏
くまもと日本料理　おく村　代表取締役　奥村　賢氏
株式会社野田商店　観光事業部　営業部長　森本　誠喜氏

◆紹介

「新町」は特別史跡熊本城跡保存活用区域内にあり、新町、古町は旧城下町。加藤清正（永禄５～慶長16年）が熊本城の築城とともに造った。両町は、今もなお、往時の面影を色濃く残している。新町地区は、熊本城の正面にあたり、城門に囲まれた城内町。武家屋敷と町人町とが混在する、全国的にも珍しい町割であった。古町地区は、火事による延焼防止、有事の際の軍事拠点として、碁盤目状の中心に寺を配した「一町一寺」の町割が特徴。坪井川の荷揚げ場を有する問屋が軒を連ね、物流の拠点として発展した町である。新町には老舗料亭が多く、新町から離れた西区花園に、清正を祀った本妙寺があり、その門前町にも老舗料亭がある。本妙寺は正式には、日蓮宗六条門流肥後本妙寺。由緒・沿革は、天正13年、清正の父、清忠（大永６～永禄７年）追善のため日真上人（永禄８～寛永３年）を招き摂津に一宇を建立。本妙寺と号し、天正16年、清正が肥後の大守になると、同19年、本妙寺を熊本城内に移した。日真上人は、肥後本妙寺の開山である。慶長16年、火災で焼失した本妙寺を浄池廟下の現在地に移築した。肥後本妙寺では、例年、7月23日に写経「頓写会」が行われ、全国的に有名である。

＊参考「熊本市」ホームページ

＊参考「日蓮宗六条門流肥後本妙寺」ホームページ

◆ねらい

新町は熊本の中でも、とくに清正と関係の深い地域である。かつては城下町としての賑わいもあったが、今では熊本市の賑わいは上通・下通のアーケード街に移っている。新町では、古き良き城下町を発信することで、賑わいを取り戻したいと考えている。

◆取り組み

新町では、お宝探検、まち歩きが取り組まれている。城下町風情を残した町並みや、昔ながらの家屋である町屋を利用したオシャレなカフェやショップを歩き体感することで、賑わいづくりを目指している。自身が中心となり行っているまちづくりについて、本セミナーのパネラーである「一新まちづくりの会」の毛利氏が語った。

明治8年建造の明八橋
(熊本日日新聞　2005.11.9掲載)

一新まちづくりの会のまちづくりとは?—　加藤清正は築城にあたり敵の侵攻に備え町筋が異なる2つの町、古町と新町の城下町を造り、町そのものを防塞とした。新一丁目御門、新三丁目御門、高麗門で囲んだ新町は、全国に類を見ない惣構、曲輪（廓）の中の城内町である。その新町がある一新校区を歩き、城下町にタイムトリップすることで、賑わいを取り戻すまちづくりに取組んでいます。

始まりは、子どもたちやお年寄りが暮らしやすい町はなんだろうと、昭和63年、当時の一新小学校のＰＴＡ役員を中心にシンポジウムを行いました。そして、平成元年に「一新まちづくりの会」を発足し、平成19年にはＮＰＯ法人として設立。当会の活動の基本理念は、地域歴史の発掘と利活用などを目指す「歴史を観光に活かす」こと、高齢者や障害者の自立支援などを目指す「総合福祉村構想の実現」、住民に優しい緑・花・水の溢れるまちづくりなど目指す「環境の整備」、電線の地中化・高架下の利活用・歩道確保などを目指す「基盤整備」の４つ。７年に１度、全世帯アンケートを行い、地域の意向を集約してまちづくりを進めています。一新まちづくりの方針は、①「熊本四街道の起点を活かす」。②「他校区の城下町との連携」。たとえば、「和ｓａｍｏｎもてなし隊」や「くまもと城下の町まちづくり連絡協議会」。③「一新まちづくりの会が活動の中心となる」。④「規約に城下町再生事業を掲載し、平成22年に設置された『一新自治協議会』が協力すること」、これら４つが基本方針です。

新町セミナーの様子
（髙山秀造氏　2014.7.28撮影）

◆成果

毛利氏は語る。

一新まちづくりの会の成果は?― 次の５つです。①住みやすいまちづくりに取り組もうという共通意識が、地域住民の中で熟成されたこと。②その具体化として、「一新健やかネット」が発足。年代を超えた健康づくりを目指して、一新校区の中を散策する「一新ぐるっと」など。③地域の歴史を深く勉強するため、「校区カルタ」を制作。④一新校区の歴史文化の育成面では、新町獅子舞が市無形民俗文化財指定となり、常設展示場を設置。他に藤崎宮神幸式の町鉾奉納、横手高麗門の涅槃絵図拝観、高麗門朝顔市の復活など。⑤福祉面で九州初の「プレジョブ」をスタート。熊本市初の「障がい者自立支援協議会」を立ち上げ、障害者への支援活動を地域で行うようになりました。

また、本妙寺では、お寺が持つ凛とした雰囲気の中で、人々が得意なこと、学んできたこと、知ってもらいたいことなどを持ち寄って披露する祭り「寺フェス」が開催され、賑わいづくりを後押ししている。本来、寺院とはあらゆる垣根を超え、笑顔で過ごせる場所ということで寺フェスを開催。寺フェスは、本セミナーのパネラー池上氏が勤める肥後本妙寺の門前で開催されている。池上氏は語る。「肥後熊本では、親しみをこめて、武将加藤清正を『清正公（せいしょうこう・せいしょこ）』と呼びます。清正公は武将でありながら、肥後熊本の治水工事に貢献した土木の神であり、本来は平和の神でありますが、戦前は、意に反し、軍神として位置づけをされておりました。今日の熊本の発展のためにも、平和の神である清正公のイメージをアピールすることが大切です。」

＊参考「寺フェス２０１５in熊本県本妙寺」ホームページ

一新まちあるき風景
（毛利秀士氏）

寺フェス風景
（寺フェス in 本妙寺実行委員会）

◆その後

一新まちづくりの会では、熊本城を子どもたちに身近に実感させるために、「夜の熊本城わくわくミステリーハイク」、「熊本城探検遊びツアー」を実施。また、平成27年11月22日、昔から新町にあったお菓子の神様を、県護国神社境内に社を建て遷座し、「菓祖新宮神社」を創建。同23日は県菓子協同組合とまちづくり会などで「第一回護国神社菓子祭り」を開き、菓子の実演販売、菓子作り体験、新町獅子舞奉納、清和文楽上演などが行われた。

熊本城の一角には本セミナーのパネラーである奥村氏が代表取締役を務める老舗料亭「くまもと日本料理　おく村」がある。奥村氏は語る。「かつては、『料亭がお客様を育て、お客様が料亭を育てる』という良い関係がありましたが、今では、サービスと代金という、シビアな関係になってきている。2020年の東京オリンピック開催は外国人旅行客の増加が見込まれる。外国人旅行客は『サービス』よりも、日本的な『おもてなし』を求めてくると思われるので、日本的な『おもてなし』の質と量のあり方を、今ここで考え直すべきでしょう。」

＊参考「くまもと日本料理　おく村」ホームページ

菓祖新宮神社（毛利秀士氏）

◆トピックス　熊本城

天下の名城、熊本城。お城好きの中でも、トップクラスの人気を誇るお城である。敵の侵入を防ぐため、高度に垂直な造りをしている石垣の「武者返し」は、あまりにも有名である。築城は、土木工事の神様とも呼ばれるほど、土木技術に秀でた加藤清正。慶長6年から慶長12年にかけての築城である。現在の熊本城は、かつて茶臼山と呼ばれた丘陵地にある。熊本城以前にも、茶臼山一帯には中世城が存在していた。記録に残る最古の城は、応仁年間、菊池一族により茶臼山の東端（現、千葉城町一帯）に築かれた千葉城。明応5年、鹿子木一族により茶臼山西南麓（現、古城一帯）に築かれた隈本城。その後、天正15年、豊臣秀吉（天文6～慶長3年）の九州平定により、佐々成政（不明～天正16年）が肥後の領主として入国すると、厳しい検地などにより、天正15年、国衆一揆が勃発。成政は責任を取り切腹。天正16年、肥後は北半分を加藤清正、南半分を小西行長（永禄元～慶長5年）に分与され、このとき、清正が居城としたのが、千葉城と隈本城を合わせた熊本城である。時は流れ、明治となり、太政官布告「帯刀禁止令」（明治9年）に憤激した「神風連（敬神党）」（神道を重んじる復古主義、攘夷主義の思想団体）の乱（同年）。そして、明治10年、西南戦争勃発。開戦前に熊本城下は焼土と化し、天守と本丸御殿一帯が焼失。時は下り、昭和35年、熊本城天守閣が復元落成された。

＊参考「熊本城」ホームページ

熊本城（熊本市）

高森「新酒祭り!」

高森の郷土料理「田楽」と熊本のお酒「れいざん」でまちおこし

実施日　2014年10月6日(月)　時間　14：00～15：30　開催場所　びぷれす熊日会館7階

山村酒造合名会社　代表社員社長　山村　唯夫氏
高森町観光協会　会長　後藤　巖氏
高森町役場　政策推進課　課長補佐　古澤　要介氏
株式会社野田商店　観光事業部　営業部長　森本　誠喜氏

◆紹介

「高森」は、阿蘇の外輪山の南に位置している。高森の歴史であるが、神武天皇の皇孫である健磐龍命《たけいわたつのみこと》が九州鎮護のために下向し、代々その子孫である阿蘇家一族が高森を統治していたと伝えられる。高森は、天正年間兵乱が相次ぎ、強大を誇った阿蘇氏も薩摩の島津氏により攻略され、豊臣秀吉の天下統一後は、秀吉の家臣である佐々成政（不明～天正16年）、加藤清正（永禄5～慶長16年）の領地となった。徳川時代には細川家の所領となり、その統治は明治初年にまで及ぶ。この細川藩政では各郡に郡代（郡奉行）が置かれ、高森は南郷郡代の管下となる。明治22年、市町村制の施行により、1町13村の行政区画が統合されて、高森町、色見村、草部村、野尻村の1町3村となった。昭和28年、町村合併促進法が制定され、昭和30年4月、高森町、色見村、草部村が合併。続いて昭和32年8月に野尻村が編入合併し、現在の高森町が誕生した。高森の食では、地鶏、田楽、阿蘇たかな漬などが有名である。

＊参考「高森町行政サイト」のホームページ

◆ねらい

高森は自然に恵まれているが、交通の便がいささか問題である。平成25年の俵山バイパス、俵山トンネルの開通により、熊本市との時間的距離は短縮したが、それでも南阿蘇の奥座敷として、いっそうの賑わいづくりが求められている。

◆取り組み

高森町観光協会主催の「新酒とふるさとの味まつり」では、新酒と高森ならではの、早春の味にちなんだ様々なイベントが催される。毎年2月からひと月かけて開催され、もうすぐ30回目を迎える。本セミナーのパネラーである山村氏が経営する老舗酒造メーカーである山村酒造の人気商品『れいざん』が、まつりでは大人気だ。平成24年3月16日付の醸界タイムスの記事「霊山阿蘇の懐で酌む新酒、格別新酒とふるさとの味まつり／清酒　れいざん」によれば、新酒とふるさとの味まつりは、1カ月にわたり郷土の食の魅力に触れてもらうものであり、ささにごり新酒（れいざん）、阿蘇あか牛の丸焼き、特産品や郷土料理が販売されるとのこと。山村氏は語る。

高森のお酒の魅力は?―お酒は醸造酒。醸造酒は温帯地方でしかできず、また、お酒はいい水も必要です。高森には誇れる水があり、それが高森のお酒のブランドとしての価値を高めています。お国自慢には、あるもの

高森湧水トンネル公園　トンネル内の様子
（熊本日日新聞　2015.7.29掲載）

自慢とないもの自慢があるが、高森にはすばらしい景観、風土、水など、何でもそろっています。田舎の人は無口というのは嘘で、私は高森を自慢するときは、おしゃべりになりますよ。過ぎたるは、及ばざるが如し。杉樽は、泳がざるが、酔い心地。お酒は平和と健康のシンボルである！

新酒とふるさとの味まつりと合わせて、高森では、体験型プログラム「高森じかん」の取り組みも行われている。どこにでもあるけど、どこにもない、日々の高森らしさを体験してもらう、体験型のプログラムである。清栄山トレッキング、もっと気楽に田楽体験、冬のジビエ料理などがあり、個性豊かな高森の〝人〟と一緒に、文化、歴史、食など高森の日常を感じるプログラムとなっている。

＊参考「高森町観光サイト」のホームページ

◆成果

新酒とふるさとの味まつりによる賑わいづくりの中で、郷土料理である「田楽」も知名度を上げてきている。本セミナーのパネラーである後藤氏によれば、高森の郷土料理の田楽は、各家庭に伝わる秘伝の味噌を、この地方でしか採れない「つるの子芋」に塗り、こんがり焼いて食べる料理とのことである。つるの子芋をより美味しく長く食べる為に考えられた料理だそうだ。筆者もいただいたが、ホクホク感が最高の逸品である。根子岳を眺めながらいただく郷土料理の田楽は申し分ない。後藤氏は語る。

高森セミナーの様子
（高山秀造氏　2014.10.6撮影）

新酒とふるさとの味まつりの成果は？― 冬の阿蘇は観光客が激減します。高森のお酒『れいざん』は、12月頃ににごり酒の新酒時期を迎えます。そこで、新酒の時期と郷土料理のふるまいを合わせることで、観光客の激減を食い止めることができました。土曜日の夜に飲酒のイベントを開催することで、宿泊客の増加も期待しています。

◆その後

新酒とふるさとの味まつりについて、外が寒い冬の阿蘇・高森でも、季節限定の新酒と、各施設で高森ならではの料理を愉しむことで、会話もはずみ、心もからだも暖まる、をコンセプトに開催していると後藤氏は語る。また、祭りにおいては、高森町観光協会も山村酒造（『れいざん』）も主役ではなく、企画は観光協会、お酒の製造は山村酒造、そしておもてなしは各施設が担当であり、一番の主役はお客さまだと、後日語った。

現在、高森では、「デスティネーション・マネジメント・オーガニゼーション（Destination Management Organization：DMO）」が、進められている。DMOとは、旅行目的地を商品として捉え、最大の経済効果を上げるために消費者のニーズを満たそうとする誘客活動のことである。高森には、酒、田楽、あか牛、じかん、根古岳などがあり、これらを消費者ニーズにあわせて、商品化しようという動きである。高森の賑わいづくりの根幹を成すものである。

なお、平成28年度から、高森町の事業に、「まちづくり組織（高森式ＤＭＯ）」

田楽
（高森田楽村）

新酒まつり風景
（株式会社醸界タイムス社　上籠竜一氏）

の設立が予定されている。事業の具体的な内容は、次の通りである。
・まちづくりの推進
・高森町を広くＰＲし、活力を高める仕掛けづくり
・歴史、風土、文化を生かした交流人口の増加推進
・移住、定住者の増加推進
・新たなビジネス（産業）の創出推進

◆トピックス　根子岳

根子岳は、阿蘇五岳の一つに数えられ、標高は１４０８メートル。鋸の刃のようにぎざぎざした尾根が東西に重なり、その中央に巨大な天狗岩がそびえる姿は、まさに神秘的である。外輪山の南側にある高森は、最高のビュースポットである。「根子」とは「ネコ」に通じ、肥後の猫が７歳になると、根子岳に修業にくるという伝説がある。平成27年６月24日付の熊本日日新聞の記事「根子岳（ネコだけ）に来てニャン　麓の高森町　飲食店など19軒『猫王』伝説生かしＰＲ」によれば、高森町を象徴する阿蘇五岳の根子岳に伝わる猫王伝説を生かして、麓の飲食店やペンションなど19軒が連携し、全国の猫好きをターゲットとしたスタンプラリーや猫グッズの販売を展開しているとのこと。また、南阿蘇鉄道の終着駅である高森駅のそばにある高森町湧水トンネル公園では、七夕まつりやクリスマスファンタジーなど、季節

根子岳の雪景色（熊本日日新聞　2013.12.18）

に合わせた催しが開催されており人気スポットである。平成27年12月2日付の熊本日日新聞の記事「森町の湧水トンネル公園にツリー」によれば、12月1日、保育園児の顔写真を張ったものや、ペットボトルを使ったエコツリーなど、趣向を凝らした住民らによる力作ツリーが、長さ約550メートルのトンネル内に飾られ、華やかな雰囲気を醸しだしたとのことである。根子岳のふもとは、ネコと人で賑やかである。

＊参考「高森町行政サイト」のホームページ

まとめ　以上の6事例より、「賑わいづくり」に必要な要因として、次の3つが挙げられよう。

① 地元住民と観光客が「もてなし」の心で接する姿勢

② 「探検」や「まちあるき」を通して、地元をより良く知ること

③ 「賑わい」を創出する「祭り」の開催

ワンポイント経済学① ―祭りの経済効果―

イベントや祭りが開催されると、普段よりも多くの人で街中が賑やかになる。人が多く集まると、飲食や物品の購入など、大量の「消費」が発生する。消費が大量に発生すれば、商店の「所得」が平常よりも増加する。つまり、イベントなどの開催によって、商店が普段の収入以上の所得を「ボーナス（B）」として受け取ることになる。一般にボーナスが入れば、いつもは購入したくても控えていた商品を購入する消費行動が誘引される。たとえば、高級ブランド品の購入など、消費が普段よりも増加する。経済学では、所得の増加分により誘引される消費の増加分の割合、つまり、「消費の増加分」を「所得の増加分」で割った値を「限界消費性向（β）」と呼ぶ。次に、消費が増加すれば、高級ブランド品の購入など、貴金属店の所得が増加する。すなわち、イベントなどの開催が、商店の所得を普段よりも増加させ、それが普段以上の消費を誘発し、更なる所得の増加へとつながるサイクルが生まれる。これが、「賑わいづくり」の経済効果である。大胆な計測法として、「$B \times \frac{1}{1-\beta}$」で、経済効果が計測できる。たとえば、「水まち水前寺にぎわい祭り（2014年）」の来場者は4000人を超えていたが、4000人として、半数が500円の飲食をしたとすれば、100万円が地元に落ちたことになる。熊本市の限界消費性向を日本の限界消費性向（0.6から0.7）で代替すれば、その100万円が250万円から330万円となって地元に広がったことになる。祭りは地元コミュニティの結束力を強めもするが、地元経済効果にも貢献大である。

第二章◉

食の活用

上天草／玉名／八代／天草／西原村／荒尾

上天草「地場産品を発信しよう！」

6次産業推進による上天草の観光振興を考える

実施日　2013年11月28日㈭　時間　14：00～15：30　開催場所　びぷれす熊日会館7階

合同会社FUバイオカルチャー　代表取締役社長　藤芳　義裕氏
北垣水産　北垣　洋氏
上天草市　経済振興部　産業雇用創出課　6次産業推進係
　農林水産専門員　上原　一晃氏
株式会社野田商店　観光事業部　営業部長　森本　誠喜氏

◆紹介

「上天草市」は、平成16年に大矢野町、松島町、姫戸町、龍ヶ岳町の4町が合併し誕生した。緑豊かな大小の円錐状の島が浮かぶ天草松島の美しい風景は、宮城県・松島、長崎県・九十九島と並んで、「日本三大松島」の一つにあげられる。また、天草松島のみならず、龍ヶ岳や白嶽をはじめとする九州自然歩道（観海アルプス）からの眺望も名だたる景勝地として知られており、四季折々に美しい姿を見せている。現在の上天草市は、昭和31年に雲仙天草国立公園に編入、昭和41年9月には天草五橋が完成、平成14年に熊本天草幹線道路（地域高規格道路）の一部開通。このように上天草市は、九州全域との交通の利便性が向上し、観光地として大きく脚光を浴びている。降雪は数えるほどしかなく、年間を通して比較的温暖であることから、果樹や花卉の栽培が盛んである。また、天草四郎（不明～寛永15年）に縁の深い地としても知られている。

＊参考「上天草市」ホームページ

◆ねらい

「上天草市」は、行政と民間が６次産業化を推し進め、地域の農水産物をブランド化することで、６次産業の活性化による産業の振興と併せて、観光振興及び雇用促進に役立てようとする戦略をとった。つまり、「食」の地域資源に新たな付加価値を生じさせて、上天草の観光資源として地域活性化につなげようというものである。

◆取り組み

「〝少量多品目〟という地域特性を活かすブランド商品の開発」を進めており、これを平成26年３月に策定した上天草市第２次総合計画における、観光と農林水産物の生産・加工商品開発などと一緒に、最重点戦略に位置づけている。具体的には、観光ブランド力を生かして「産業の活性化による雇用の確保・充実」をまちづくりの最優先事項として、行政、企業、市民が一体となり産業の活性化を目指すというものだ。

この取り組みを進めることによって、民間主導による６次産業化を推進し、１次産業である農林水産業を活性化させ、民間事業者の経営の安定化、生産体制の強化、経済的な自立を図ることを目標としている。

（熊本日日新聞　2004.3.30掲載）

また、「上天草ブランド認証制度」も設けており、これは、「この人が生産したこの産品は、上天草市が自信を持ってご紹介します」と、上天草市が太鼓判を押すものであり、上天草の特産品の販売促進および上天草ブランド商品の全国的な浸透を図るものである。上天草市農林水産物ブランド推進協議会が認証を行っている。認証のメリットとしては、商品の信頼度のアップ、認証品限定の販売促進用パンフレットの作成、上天草市ホームページでの紹介など、認証品ＰＲによる、商品の認知度アップなどである。

６次産業化を推進し、上天草ブランド商品の開発を手がけていくために、上天草市では「農林水産物加工品開発研究センター」を設置。ここは農林水産物の加工品の改良、開発、試作品の作製などを、市民が自由に行うことができる施設であり、申し分のない設備の充実ぶりである。またマルシェも頻繁に開催している。本セミナーのパネラーである北垣氏は「個人的に営業で何度も足を運んだ時よりも、上天草市の６次産業推進担当のサポートを受けてからの方が、より成果が見えてきている」と語った。

＊参考「上天草市」ホームページ

上天草セミナーの様子
（髙山秀造氏　2013.11.28撮影）

◆成果

上天草市では、６次産業化を進める事業者を支援しており、本セミナーのパネラーである藤芳氏もその一人である。藤芳氏は上天草を中心に、低コストでのアサリ養殖技術の確立に取り組んでいる。藤芳氏は語る。

アサリ養殖研究の目的は？―アサリは水を浄化することが、一般にも広く知られてきつつあります。今から30年ほど前、有明海でのアサリの漁獲量はおおよそ6万4千トンほど。その資源量で算出すると、約320億m³の水容量を持つ有明海は、約2年半に1度、アサリによって浄化されていたことになります。しかし、現在アサリの漁獲量は千トンほどのため、アサリによる浄化能力はほとんど期待できません。また二枚貝のアサリは、環境浄化として役立つばかりでなく、低脂肪高タンパク、豊富なアミノ酸やビタミンなど、栄養を豊富に含む健康食材でもあります。優良食品としてだけでなく、沿岸の環境浄化のためにも、アサリの養殖技術の研究を進めています。

この、生物を活用した新しい浄化の仕組みを、有明海のみならず、熊本城の堀にも利用することで、都市の浄化も狙いたいです。

平成25年8月14日付の熊本日日新聞の記事「アサリ養殖で海水浄化」によれば、アサリは、餌のプランクトンを食べる過程で海水を浄化するのだという。アサリのブランド化は、「特産品の開発」と「有明海の浄化」の、一石二鳥といえるだろう。その他、「ふるさと応援寄附金」設置の動きもある。ふるさとの上天草市に寄付をいただいた方々へ、上天草市の特産品や観光資源のPRを目的に、上天草ならではの御礼の品の贈呈を行うというものである。

上天草ブランド認証食材を使用した料理の例「河豚ちり鍋」
（上天草市産業雇用創出課）

上天草海風マルシェ風景
（一般社団法人天草四郎観光協会）

＊参考「上天草市」ホームページ

◆その後

民間では「オール天草」、つまり上天草市と天草市が力を合わせて天草を全国的に売り出そうという取り組みが始まっている。上天草市湯島のニンジン芋（中身がオレンジ色の甘藷。地元での昔ながらの呼び方）を使って、天草市の酒造メーカー「天草酒造」で芋焼酎を製造するという民間主導の取り組みがそうだ。地域が一つとなっての特産品開発である。平成27年4月10日付の醸界タイムスの記事「オール天草の芋焼酎」によれば、湯島は人口400人ほどの小さな島で、少子高齢化や過疎化などの問題を抱えているという。しかし、この芋焼酎が地元の活性化を促すことに期待を寄せ、それが地元の人々の、将来への希望となっている。上籠竜一氏（醸界タイムス。常務取締役　九州支局長）によれば、平成27年11月29日、湯島の湯島公民館にて、本格芋焼酎「池の露『湯島』」の完成お披露目式が盛大に開催され、来賓には堀江隆臣氏（上天草市長）が列席、完成報告を仕掛け人の林田恵美子氏（和食・すし処「天慎」女将）が行ったとのこと。製造元の天草酒造（天草市新和町。代表兼四代目蔵元　平下豊氏）は、明治32年創業の天草の老舗である。

天草酒造「池の露『湯島』」と、原料である湯島産のニンジン芋
（株式会社醸界タイムス社　上籠竜一氏）

◆トピックス　上天草　四郎くん

「上天草　四郎くん」とは、どこかで聞いたような名前と思われようが、お気づきのように「天草四郎」をモチーフとした上天草市のシンボルキャラクターであり、「上天草市の特命係長」である。また、「上天草　四郎くん」は「地上の楽園パライゾ上天草」に生まれた王子である。「パライゾ（paraiso）」とは、ポルトガル語（キリシタン用語）で「天国、楽園、パラダイス」を意味する。

『上天草　四郎くん』のプロフィール

［名前］　上天草　四郎くん（通称：四郎くん）
［出身地］　熊本県上天草市
［年齢］　永遠の16歳
［性格］　カリスマ性があり、慈悲深い
［特技］　お祈り
［趣味］　上天草市を満喫すること
［最近ハマっている事］　トレッキング
［取得資格］　温泉ソムリエ（上天草温泉郷をＰＲするために取得。ゆるキャラとして初めて取得し、ゆるキャラ界では温泉ソムリエ第1号）
［テーマソング］　『四郎くんの大冒険』

「上天草　四郎くん」に会いに、上天草市に、ぜひ、お越しいただきたい！

＊参考「上天草市」ホームページ

上天草市のシンボルキャラクター
「上天草 四郎くん」（© 上天草市）

玉名「地元の食材を知ろう!」

玉名の「食」を活用した地域経済活性化の取り組みを考える―玉名のキズナめし―

実施日　２０１３年12月12日㈭　時間　14：00～15：30　開催場所　びぷれす熊日会館７階

玉名観光協会　事務局長　柿添　克也氏
創作和食ダイニング善　代表取締役　森井　誠氏
株式会社野田商店　観光事業部　営業部長　森本　誠喜氏

◆紹介

「玉名」は、菊池川の豊かな恩恵を受けている。江戸時代には、菊池川河口の高瀬の御蔵に年貢米が集積され、大阪へと運ばれていた。現在、御蔵、御茶屋は西南戦争で焼失しているが、船着場の跡は「俵ころがし」と呼ばれて親しまれている。また、菊池川が上流から運んだ土砂が堆積し干潟を形成することで、豊かな海の幸を玉名にもたらしている。さらに、江戸時代から大規模な干拓が行われ、現在までに、広大な農地が産み出されている。そのため、

高瀬裏川花しょうぶまつり
(熊本日日新聞　2015.5.29)

現在では、米やトマトをはじめとする野菜、イチゴやミカンなどの果実類の栽培による農業、ノリやアサリなどの水産業が盛んである。また、有明海、菊池川、小岱山及び金峰山系の山々などの豊かな資源を持ち、玉名市の北部、小岱山の麓には、１３００余年の歴史と泉質の良さを誇る、名だたる玉名温泉がある。玉名市の南部、有明海を望むみかん園の丘にある小天温泉は、夏目漱石の名作「草枕」の舞台として有名である。

＊参考「玉名市」のホームページ

◆ねらい

玉名の農産物は熊本でも有数の質の良さを誇るが、地元玉名で消費されることが少なく、域外で消費されている。そこで、地元の農産物を地元の人により広く知ってもらうことで、地産地消と共に、玉名の良さを地元に発信したい。

◆取り組み

玉名の生産者、飲食店舗が連携して「玉名のキズナめし」を開発している。玉名の若手料理人たちが、その玉名地域の農産物にスポットを当て、食材を活かした料理やデザートを創作し店で提供する、地産地消の取り組みである。つまり、玉名の生産者、料理人、消費者の三者を、「キズナ」をコンセプトに玉名産の季節ごとの旬の農産物を使った創作料理でつなぐ取り組みである。一例をあげれば、夏のキズナめしの食材は、アスパラガス。料理は、「アスパラハム」、「アスパラの冷製スープ」、「肉巻きアスパラ」、「アスパラとチキンのサンド」、「つめた～いアスパラまんじゅう」などである。いずれも、玉名の夏を代表する農産物のアスパラガスを利用した、美味しい一品ぞろいである。以下は本セミナーのパネラーである森井氏と筆者とのやり取りである。

玉名のキズナめしに取組むきっかけは?— わたしは30歳まで東京で料理の勉強をし、出身の玉名に帰ってきました。久しぶりの玉名は活気が無く、どうやって玉名で生きていこうかと思いましたが、先輩たちと話す中で、料理人として玉名を楽しくして生きていくことが一番であり、食べることの大切さを伝えられる仕事を通して、玉名に貢献したいと考えるようになりました。

玉名を楽しむには、玉名には何があるだろうと考えると、すばらしい農産物があります。玉名では豊かな農産物が生産されるのに、そのほとんどが、他地域に出荷されて、玉名の人がその食材に接することが少ない。玉名の人に、もっと玉名の良いところを「食」を通して知ってもらいたい。この気持ちが、きっかけでした。

料理を通して、何を発信したいですか?— 農産物のままよりも、美味しい料理にして提供した方が、かならず具材の農産物に興味を持たれます。「どこの農産物?」、「生産者の方は?」というように、料理として発信することで、消費者と生産者を結び付けられる。ここに、玉名の生産者、料理人、消費者による三者でのキズナの構図が出来上がるのです。

玉名セミナーの様子
(髙山秀造氏　2013.12.12撮影)

森井氏は、キズナの構図が出来上がれば、生産者のモチベーションも上がり、玉名の農産物だけではなく、玉名自体のネーミングも高まっていき、玉名を訪れる観光客の増加、土産品の売り上げにもプラスの効果が見込まれるだろうと、思いを広げている。

＊参考「熊本県の情報サイト　気になる！くまもと」のホームページ

◆成果

玉名の生産者、料理人、消費者の三者のサイクルにより、玉名産の農産物が、玉名の地元で認知度を高めている。「地元から玉名を」というコンセプトのもと、地元の人が玉名の良さを知ることにより、一人一人が、玉名の観光大使として、玉名を訪れた観光客に玉名をアピールできるようになる。地産地消の取り組みの好事例といえよう。現在では、農産物だけではなく、魚介類を加えて、さらに料理のレパートリーが広がっている。本セミナーのパネラーである柿添氏は語る。

玉名のキズナめしは、玉名の魅力を発掘し、発信する大きな成果を出しています。また、平成23年3月12日の九州新幹線開通に伴い、同日ＪＲ新玉名駅が開業。玉名の観光というよりも、新幹線の乗り換えの駅として、ＪＲ新玉名駅の利用が増加しています。ＪＲ新玉名駅には玉名観光協会が運営する物産館もあるので、玉名のキズナめしによる玉名の魅力発信と合わせて、ＪＲ新玉名駅を利用する観光客に、土産品などの購入を促しています。私たちは、ＪＲ新玉名駅を利用する観光客を

玉名のキズナめしのポスター
（もりのともしび Graphic Arts&Designing）

ターゲットとする戦略を、「出口戦略」と呼んでいます。

◆その後

JR新玉名駅の構内にある「観光ほっとプラザたまララ」では、新幹線の乗り換え時間を利用して、観光客に向け玉名の祭り、温泉、歴史、食など、さまざまなカテゴリーから、玉名の売り込みが盛んである。柿添氏のいう出口戦略である。観光客を「待つ」ことの出口戦略に加えて、能動的に玉名の魅力を全国に発信する「たまなキャンペーンレディ」の活動にも取り組んでいる。たまなキャンペーンレディとは、18歳以上の、玉名市在住もしくは玉名市内の事業所・学校へ通勤・通学する女性の方で、玉名市内のイベント、県内外でのPR活動を行うことが任務。観光地域づくりにおける広報PR活動の人材育成の一環である。平成27年5月13日、サッカーチーム「ロアッソ熊本」のPRビデオにたまなキャンペーンレディが出演した際、キズナめしに関して次のように答えている。

玉名のキズナめしとは?― 玉名の特産物を使った、料理人と生産者、消費者のキズナを大切にした地産地消の取り組みです。玉名で取れた美味しい野菜や天草大王をじっくり煮込んで作られたカレーは本当に美味しかったです。

＊参考「観光ほっとプラザ『たまララ』」のホームページ

たまララ店内
(一般社団法人玉名観光協会)

◆トピックス　夏目　漱石

文豪、夏目漱石（慶応3～大正5年）と玉名は、深い結びつきがあることをご存知の方も多いと思われる。小説「草枕」の舞台が玉名である。明治29年4月13日、第五高等学校（現、熊本大学）教師として熊本入りした夏目金之助（漱石）は、池田駅（現、上熊本駅）に降り立った。翌、明治30年の暮れ、正月をゆっくり過ごそうと、玉名市の南部、小天温泉の前田家別邸を訪れた。このときの旅が、小説「草枕」を生むことになるのである。

「山路を登りながら、かう考へた。智に働けば角が立つ。情に棹させば流される。意地を通せば窮屈だ。兎角に人の世は住みにくい」

小説「草枕」のあまりにも有名な冒頭である。

『「おい」と聲を掛けたが返事がない。軒下から奥を覗くと煤けた障子が立て切つてある。（略）返事がないから、無斷でずつと這入つて、床几の上へ腰を卸した。（略）しばらくすると、奥の方から足音がして、煤けた障子がさらりと開く。なかゝら一人の婆さんが出る」。

今でも、小天への道中、ここ鳥越の茶屋（復元）には「一人の婆さん」が現れ出てきそうな感がある。

＊参考「玉名市」のホームページ

八代「世界につながる〝食の祭典〟!」

八代特産のトマトを活用してまちおこし—トマピーエン—

実施日　2014年2月25日(火)　時間　14：00～15：30　開催場所　びぷれす熊日会館7階

中国料理　八代飯店　代表取締役　有田　義教氏
八代地域農業協同組合 園芸課係長　熊本県経済農業協同組合連合会
　コントロールセンター駐在　杉谷　武徳氏
やつしろTOMATOフェスタ実行委員会
　㈱エフエムやつしろ　取締役　放送局長　立迫なぎさ氏
株式会社野田商店　観光事業部　営業部長　森本　誠喜氏

◆紹介

「八代」は、日本三急流の球磨川の河口に位置し、八代海を隔てて、天草の松島（日本三大松島）と対峙している。八代と松島間にはフェリーが航行していたが、平成25年をもって、事実上の廃止となり、八代と天草を結ぶ航路は消滅した。水深の深い港を有しているため、臨海工業用地の造成や港湾施設の充実、熊本県内最大の国際貿易港である八代港が整備され、熊本県下有数の工業都市として発展している。また、南九州の交通の結節点として、九州新幹線、九州縦貫自動車道、南九州西回り自動車道、アジア物流拠点として、陸・海路の交通の要衝である。農業では、永年にわたる干拓事業による広大な平野を有し、イ草やトマト（塩トマト）など、数多くの農産物が生産されている。山間地には、平家落人伝説が語り継がれる秘境、五家荘があり、歴史と自然豊かな地でもある。その他、やつしろ全国花火競技大会、八代妙見祭、晩白柚が有名である。

＊参考「八代市」ホームページ

◆ねらい

八代は、イ草の生産でも有名であるが、今では、トマトの生産が全国の中でもトップである。この地域が誇るトマトを使って、八代を全国的に発信するイベントを企画している。「八代といえばトマト」という、さらなる認知度の獲得を目指し、日本のみならず、全世界に発信をしていきたい。フードバレー構想の充実がねらいである。

八代妙見祭
（熊本日日新聞　2014.11.23）

◆取り組み

八代のトマトを使ったトマト料理「トマピーエン」が考案されている。八代を代表する野菜、トマト（生産量日本一）と、熊本の定番郷土料理タイピーエン（太平燕）がコラボしたもので、新たな八代の名物料理となっている。タイピーエン（太平燕）は、ニワトリの揚げ卵と春雨を用い、熊本県の郷土料理として知られている。八代では、「八代産フレッシュトマト＋タイピーエン」であるトマピーエンを、八代ならではの太平燕として売り出している。

トマト以外にも八代産の季節の野菜やエビ、イカなどを使用。本セミナーのパネラーである有田氏が、トマピーエン考案の中心人物である。

平成21年7月23日付の熊本日日新聞の記事「八代オリジナル中華⁉特産トマトでラーメン、タイピーエン… 地元料理店で試食会」によると、有田氏のお店の中華料理八代飯店では八代特産の食材を使ったメニューづくりに取り組んでいるという。トマト農家の主婦や野菜ソムリエ、かずら豆腐を作っている鮎帰会のメンバーらが参加し、トマピーエン以外にも、トマトベースの野菜スープのラーメン、かずら豆腐のチンジャオロース、トマトレアチーズなど、創作料理を試みている。有田氏は次ぎのように語った。

「積極的に、熊本県外にトマピーエンを売り込んでいます。その目的は、八代の名を広めたいから。トマトといえば、八代というように、八代をトマトでアピールすることに努めています。」

筆者もかつて、中国料理八代飯店にて、トマピーエンをいただいたが、トマトのさっぱりとした酸味と海産物との競演、そこに春雨のさわやかさが合わさって、とても美味しい料理であった。

八代セミナーの様子
（髙山秀造氏　2014.2.25撮影）

◆成果

トマピーエンが話題の中、トマト祭り「やつしろTOMATOフェスタ」が開催されている。日本一の生産量を誇る八代の冬トマトをテーマに、生産者、地元自治体、地元民間企業、JAなどが連携して、様々な取り組みが行われている。トマトやトマトの加工品、トマト料理の販売、親子収穫体験や料理体験などでトマトのPR。トマトの販売促進や消費拡大、食育、八代観光ツアーも同時に実施。「トマトで健康」をうたうことで、健康志向の時代に合わせ、八代とトマトのさらなるＰＲを図っている。本セミナーのパネラーである立迫氏は語る。

やつしろＴＯＭＡＴＯフェスタ開催のきっかけは？―大分県の中津市で、ＦＭなかつが共催して「からあげフェスティバル」が開催されています。そこで、八代のコミュニティＦＭラジオ放送局エフエムやつしろが、トマトのフェスティバルを企画してみよう、ということになりました。

立迫氏は、つづけて「大切なことは、まず、自分が動き出すこと。そうすれば、人と人がつながっていきます。それが、本当に楽しいです」と語った。

＊参考「株式会社エフエムやつしろ76.5MHz」ホームページ
＊参考「からあげフェスティバル」ホームページ

◆その後

平成25年に「くまもと県南フードバレー推進協議会」が発足。「食」に関連したネットワークの形成やフードバレーを支える人材の育成に向けた取り組みなどを展開している。八代市長中村博生氏が語る「私が考えるフードバレー」によれば、「八代地域は、あらゆる農作物の栽培に対応できる環境が備わり、高い農業生産技術を備えているすばらしい農業地域であると改めて思うところ

ＴＯＭＡＴＯフェスタの様子
（エフエムやつしろ）

トマピーエン
（中国料理八代飯店）

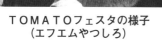

です。このような土地柄は、一朝一夕でできたものでなく、今日まで農業に携わってこられた方々の努力の賜物であり、まさしく本市の大切な財産だと思います。これからは、この財産に加え、『6次産業化』、『農商工連携』を推進し、より一層、農林水産業をはじめとする『食』関連産業の活性化を促進していきたいと考えております」（「くまもと県南フードバレー推進協議会」ホームページ、リレーエッセイVol. 02、平成26年10月3日付）とある。「食」を活用する地域活性化が、引き続き八代の最重要課題である。ちなみに、中村氏は、「くまもと県南フードバレー推進協議会」副会長でもある。

◆トピックス　彦一ばなし

八代は、「頓知の彦一」を生んだ地である。熊本の昔話を代表する「彦一話」。天狗をだます「隠れ蓑」や狐や狸をだます「化け比べ」など。ご存知の読者の方も大勢おられるであろう。八代は河童伝説の地でもあり、ここでは、彦一が河童をだます話を紹介する。

彦一が千仏の土手を通っていると、球磨川の河童が出てきて、どちらが長く川の中に潜っていられるか競争しようと言う。彦一は河童が子どもの尻を取っているのでこらしめようと、その競争を受ける。河童は彦一が負けたら河童の友達全部に酒とそうめんと鶏の焼き肉を持ってくるように言う。一方、

八代特産の晩白柚（八代市）

晩白柚のゼリー
（株式会社お菓子の彦一本舗）

彦一は自分が勝ったら1年分の酒とアユを持ってこい、もしできなければ河童の皿を割ると言う。絶対負けるはずがないと、自信がある河童は喜び、いざ勝負。そのとき、彦一が、ここは深いから目をつぶって飛び込もうと持ちかける。河童は、『まあよかたい』（熊本弁、『まあいいよ』）と目をつぶる。そのすきに大きな石を拾ってきた彦一は、かけ声に合わせて一緒に飛び込もうと河童に言う。かけ声に合わせて河童は飛び込むが、彦一は拾ってきた大きな石を川に投げ込み家に帰ってしまう。目をつぶっていてこれに気づかなかった河童はずいぶんたったのに彦一が上がる気配がないのに驚き、自分が負けたと思って逃げ出した。しばらくすると彦一の家の庭に酒1本と大きな鮎と置き手紙が置いてあり、手紙には、『今度から子どもの尻は取らないから、皿だけは勘弁してくれ』。それ以来、河童は子供の尻をとらないようになったという。

いかがでしたか。

＊参考「熊本県」ホームページ

＊監修　森山学氏　熊本高等専門学校建築社会デザイン工学科准教授「彦一とんち話」研究家

天草「特産品を開発しよう！」

「食」を活用した天草の6次産業の取組み ―「たこ万」、「あか巻」、「天草地アイス」―

実施日　2014年5月19日(月)　時間　14：00～15：30　開催場所　びぷれす熊日会館7階

天草経済開発同友会　副会長／有限会社永田冷菓　代表取締役
ストロング永田（永田章一）氏
イソップ製菓株式会社　広報担当／ピースコネクト　平田　和子氏
株式会社天草海鮮蔵　代表取締役　野﨑多喜子氏
株式会社野田商店　観光事業部　営業部長　森本　誠喜氏

◆紹介

「天草」は、本渡市、牛深市、有明町、御所浦町、倉岳町、栖本町、新和町、五和町、天草町、河浦町の2市8町が合併し、平成18年3月に誕生した。天草上島と天草下島および御所浦島などで構成されており、天草諸島の中心部に位置する。天草は東シナ海、有明海、八代海に面し、イルカウォッチングや、日本最大級の肉食恐竜の化石が発見されたことで恐竜の島として有名な御所浦があるほか、南蛮文化やキリシタンの歴史を伝える施設などがあり、日本の宝島と呼ばれるほど、自然と文化に恵まれた島である。産業は、温暖な気候を生かした農業や、豊かな水産資源を生かした漁業を主として発展。また、自然景観、南蛮文化やキリシタンの歴史など、多くの観光資源にも恵まれている。市の鳥はかもめ、市の魚は鯛である。

＊参考「天草市」ホームページ

◆ねらい

天草は豊かな海産物や山の幸に恵まれているが、これらの素材を生かした特産品、土産品が少ない。天草をアピールできる商品を開発して全国に天草を発信することが求められている。行政もこの点に力を注いでいる。

◆取り組み

天草のタコは全国的に有名である。本セミナーのパネラーである野崎氏は、天草の特産品などを取り扱う「天草海鮮蔵」（天草市五和町鬼池）で、地元のタコを使った『蛸入りたこ万』を開発した。以下は野崎氏と筆者のやりとりである。

『蛸入りたこ万』を思い立ったきっかけは?— 20年ほど前、農協から、農協婦人部が運営する加工場を活用して、天草を発信できる特産品の開発はできないかと依頼がありました。タコは身近な食材だからこそ天草を代表する食材として、天草の良さを発信する商品の具材になりうる、と思い立ちました。

イルカウォッチングの様子（熊本日日新聞　2015.7.9掲載）

苦労された点は？— すべて手作りなので、1日に300個程度しか作れません。人件費やタコの原価が上がっている為、安価で広域的な大量販売を目指すのであれば、機械化が考えられます。しかしながら、高価ということはプレミアがつくということであり、希少であるからこそ、天草を訪れてまで食べたいと思っていただける。そのほうが、『蛸入りたこ万』を通して、より強く天草全体をアピールすることにつながると考えています。

おなじく、熊本市内にある姉妹店「天草海食まるけん」（熊本市南区南高江）では、天草のウニを使った『うにコロッケ』を販売している。タコとウニという、天草を代表する海産物を加工、販売することで、天草の魅力を発信している。また、野﨑氏はイルカウォッチングの仕掛け人の一人でもある。これは、所有する船「ドルフィンアイランド号」に乗って、五和町の沖合い、通詞島周辺を回遊するイルカの群れをウォッチングして楽しむものである。青く澄んだ五和の海、海の幸、そして海の生き物との交流を通して、天草の発信が図られている。

天草セミナーの様子（髙山秀造氏　2014.5.19撮影）

◆成果

『蛸入りたこ万』、『うにコロッケ』以外にも、天草の塩、醤油、キクラゲなど、地元の産物を使用したアイスクリームの開発も行っている。本セミナーのパネラーである永田氏が中心になって開発をしている。永田氏は、かつて、居酒屋「リングサイド」を経営しており、リング名を「ストロング永田」と称するほどのプロレス愛好家である。現在、天草宝島観光協会長に就任。平成27年8月30日付の熊本日日新聞の記事「プロレス居酒屋閉店へ　天草市『リングサイド』」によれば、永田氏が経営する「リングサイド」は、平成27年9月に閉店。同店は全国からプロレスファンが集い、天草の観光資源の一つにもなっていたとのこと。永田氏も、地元産物を使ったアイスクリームの開発のきっかけについて、野崎氏と同様、「天草でしか食べることのできない商品を開発して、天草をアピールしたい」と、語っている。

蛸入りたこ万（天草海鮮蔵）

◆その後

海産物だけではなく、他地域の特産物を使った土産品の開発も進んでいる。天草は古くから繭相場が有名であり、静岡の伊豆松崎は桑葉での地域おこしに取り組んでいる。そこで、筆者の研究室が主体となり、両地を結んだ商品開発（菓子）を進めている。本セミナーのパネラーである平田氏が勤める、イソップ製菓の菅原一充社長とのコラボ開発である。かつて養蚕業が盛んだった天草市と、静岡県松崎町の地域活性化につなげようと、筆者の指導の下、熊本市東区の東海大熊本キャンパスの学生らがオリジナル菓子の開発を進めていることが、平成27年10月31日付の熊本日日新聞の記事「養蚕の町　ケーキでつなぐ」で取り上げられた。繭と桑をイメージしたロールケーキで、「二つの地域をつなぐブランドとして確立していきたい」と意気込んでいる。松崎町は伊豆半島南西部の海岸沿いにある町で、天草市同様、温暖な気候を生かして江戸末期から昭和初期にかけて養蚕業で栄えた。当時、天草市には繭市場があり、その年の全国の相場を決めるほどだった。しかし戦後は、化学繊維の登場で両市町の養蚕業は衰退している。

◆トピックス　﨑津教会とサンタクロース

天草には、キリスト教の関連施設、記念物が数多くあり、その中の「﨑津教会」（天草市河浦町﨑津）は、昭和9年、長崎の建築家、鉄川与助（明治12～昭和51年）により設計されたゴシック様式の教会である。弾圧の象徴である絵踏みが行われた場所に、現在の祭壇が配置されたといわれている。ところで、現在天草では、サンタクロースが注目を集めている。まず「世界サンタクロース会議in天草」の開催。禁教令下でもクリスマスを祝い続けてきた天草で、クリスマスが本来持つ「家族の絆」と、天草の人々の「やさしさ」をテーマに、小山薫堂氏（放送作家）の主導により開催されている。次に天草産イチゴ「ミセスサンタ」のブランド化。このイチゴは、平成26年9月に開催された「第2回世界サンタクロース会議in天草」の期間中、世界から集まった公認サンタクロースとその家族27人が、天草市新和町の畑で植えつけたものである。天草本渡地域の菓子屋が中心となり、「ミセスサンタ　いちごのお菓子フェア」が開催されている。天草は、キリスト教が地

桑をイメージしたロールケーキ
（熊本日日新聞　2015.10.31掲載）

域しっかりと根付いている地なのである。

＊参考「『天草の﨑津集落』を世界遺産へ！」ホームページ

＊参考「天草宝島観光協会」ホームページ

＊参考「天草広域本部」ホームページ

＊「世界サンタクロース会議in天草」の開催は平成27年で終了。今後はサンタの心でもてなす、市民主体のイベントに衣替えの予定。

﨑津協会とサンタクロースたち
（一般社団法人天草宝島観光協会）

西原村「医福食農連携!」

着地型観光と郷土料理の6次産業化で村おこし―西原村―

実施日　２０１５年１月26日(月)　時間　14：00～15：30　開催場所　びぷれす熊日会館７階

ＮＰＯ法人　にしはらたんぽぽハウス　施設長代理　久保田裕則氏
オー・エス・エヌコンサルティング　代表　脇川　達哉氏
西原村役場　企画商工課　企画商工係長　須藤　博氏
株式会社　野田商店　観光事業部　営業部長　森本　誠喜氏

◆紹介

「西原村」は、昭和35年、山西村と河原村が合併して誕生。東は阿蘇郡南阿蘇、北部は大津町、北西部は阿蘇くまもと空港、南は上益城郡御船町および同群山都町に接している。東部は阿蘇外輪山の一部である標高１０９５メートルの俵山を中心に広大な原野と山林からなる。山からの風を多く受け、西原村では俗に東風のことを「まつぼり風」と呼んでいる。俵山のふもとには、地元特産品や新鮮野菜の販売、田舎料理のレストランが入った俵山交流館「萌の里」がある。また、平成17年2月末に営業運転を開始した、地上60メートル、直径が66メートルの風車が10基あり西原村のランドマークにもなっている阿蘇にしはらウインドファーム（風力発電所）がある。その他にも大自然の中で動物とのふれあいや搾乳体験、珍しいヤギレースや子豚のレース、自家製乳製品や地元特産品の販売もある体験型ファーム施設「阿蘇ミルク牧場」もあり、家族連れやカップルで賑わう。西原村には、緑に囲まれたリフレッシュゾーンが多く集まっている。

＊参考「熊本県阿蘇郡西原村」のホームページ

◆ねらい

西原村は、農作業を活用して、障害者らの支援に注力している。障害者らの就労の機会の確保を約することで、彼らの情緒の安定と農業における人手不足の解消も期待でき、障害福祉分野と農業分野の連携は双方にメリットがある。昨今注目されている「医福食農連携」である。障害者らの就労支援を実現する「6次産業」の在り方が、ねらいとなる。

◆取り組み

「医福食農連携」とは、機能性食品や介護食品の開発・普及、薬用作物の国内生産拡大、障害者らの就労支援など、「農」と「福祉」の連携というように、医療・福祉分野と食料・農業分野とが連携する取り組みのことである。その社会的背景には、農業における人手不足、高齢者世帯の増加、漢方薬市場の拡大などが考えられる。この医福食農連携の中でも障害者らの就労支援に取り組む「NPO法人にしはらたんぽぽハウス」(西原村。施設長　上村加代子氏　※以下たんぽぽハウス)の取り組みを紹介する。たんぽぽハウスは就労継続支援B型という、通常の雇用が困難な障害者に就労の機会を提供し、技能訓練を行うなかで、雇用契約を結ばないタイプの支援をしている。本セミナーのパネラー

阿蘇にしはらウインドファームの風車
（熊本日日新聞　2005.4.26）

である久保田氏によれば、たんぽぽハウスでは、身体・知的・精神に障害を持つ障害者に、毎日過ごせる居場所を提供しようと、彼ら（たんぽぽハウスでは「なかま」と呼ぶ）と共に、農業を主とした加工品作り（マロンパウダーなど）を行っている。最近は飲食業に特化している。以下は久保田氏と筆者とのやりとりである。

たんぽぽハウス設立の経緯は？― 西原村社会協議会で、平成16年から17年にかけて、ワークショップ「バリアのない西原村づくり」が開催されました。行政、学校、地域の代表者らで話し合った結果、それまで、村内に散在していた障害者らの支援施設を一カ所にまとめよう、ということになり、たんぽぽハウスが平成17年4月に立ち上がりました。

たんぽぽハウスでは、農業を主体とした加工品作りを行っていますが？― たんぽぽハウスを立ち上げた平成17年頃、障害者らへの仕事づくりとして何をするか悩み、熊本県のいろんな作業所を視察しました。その頃多かったのは、内職の他、パン製造、クッキー・パウンドケーキなど、焼き菓子製造でした。しかしたんぽぽハウスのある西原村は、農業が主体の高齢家族が多く、しかも販売する場所も限られており、手売りするほど人口も多くはなく、しかも始めるには相当の資金が必要なことが分かり諦めました。そのとき、全くお金をかけないでできたものが農業だったことと、自然栽培、農産物加工に関して詳しいものが応援団にいたことから、必然的に自然栽培による農産物の栽培と加工が仕事となりました。

西原村セミナーの様子
（髙山秀造氏　2015.1.26撮影）

たんぽぽハウスの取り組みで、とくに心がけている点は?— たんぽぽハウスには、身体・知的・精神の他、引きこもり、認知高齢者など、なかまが多岐にわたるため、できる仕事もそれぞれに合わせて与える必要があります。そこで、農作業などの肉体労働が無理の方のために、計量・ラベル張りなどの仕事がある加工品を増やしています。一人一人のなかまに見合った、やりがいの持てる仕事を割り振っています。

このようにして、6次産業化とドッキングをした医福食農連携の取り組みが、自然と西原村で誕生したのである。

◆成果

久保田氏によると、従来廃棄していた規格外品の加工の委託、加工製品の相談が、地元の生産者から増えてきているとのこと。また、たんぽぽハウスが加工に特化していくにつれ、村民からいろんな支援を受けるようになったという。例えば、タケノコの収穫を無料でやらせてもらうことになったおかげで、費用がかさむことなく、水煮・干しタケノコなどの加工品作りが可能となっている。これは、シーズンになると月30万円以上の収益になるうえ、荒れた山の管理につながるという。また、イチゴ農家からも選別から外れたイチゴを無料提供していただき、ドライイチゴなどの製品に加工したり、栗の選果場で選別から外れた栗を使って渋皮煮・甘露煮・マロンパウダーなどの製品に仕上げている。また、阿蘇の地域性を生かしたレトルト・缶詰事業を始めたことにより、オリジナル製品のレパートリーが増え、それに伴い新しい客層も増加。災害時の備蓄品としての購入も増えているとのこと。今後の事業展開として、「障害者らの賃金のアップ」、「都市圏への販売先開拓の推進」、「阿蘇に特化した商品開発」、「コンクールへの出品」を計画しているとのこと。

◆その後

本セミナーのパネラーである脇川氏は、後日、「西原村たんぽぽハウスの取り組みは、食と農を通じて障害者を夢中にさせる仕事を与えている」と、高い評価を寄せた。平成27年12月10日付の熊本日日新聞の記事「おいしいお歳暮いかが　西原村の障害者就労支援施設　9品入り販売開始」によれば、たんぽぽハウス手作りの食料加工品などを詰め合わせたお歳暮セットが販売されているとのこと。あか牛を使った『阿蘇俵山カレー』、ようかん、焙煎落花生、ユズのポン酢、栗の甘露煮のなど、村の特産品を集めた品々であり、小豆と落花生は、施設利用者（「なかま」）が近くの農園で無農薬栽培したという。

◆トピックス　阿蘇くまもと空港

「熊本空港」（愛称・阿蘇くまもと空港）は、阿蘇山の山麓、標高196メートルのところにある。山の中にある全国的にも珍しい空港だ。空港ビルは上益城郡益城町。滑走路のほとんどは菊池郡菊陽町にある。昭和35年4月1日、熊本飛行場（熊本市健軍町）供用開始。昭和46年4月1日、現在地に移転。平成19年4月から「阿蘇くまもと空港」の愛称の使用を開始し現在に至る。空港内には、熊本の土産品として有名な「お菓子の香梅」が店舗を構えており、人気商品である『誉の陣太鼓』、『武者がえし』、『肥後五十四万石』などを販売。ちなみに、西原村には、お菓子の香梅の製造工場がある。また、寛政元年創業の熊本の馬刺専門店「菅乃屋」も馬刺しを販売している。菅乃屋の本店は、熊本市東区の陸上自衛隊熊本駐屯地近くの健軍

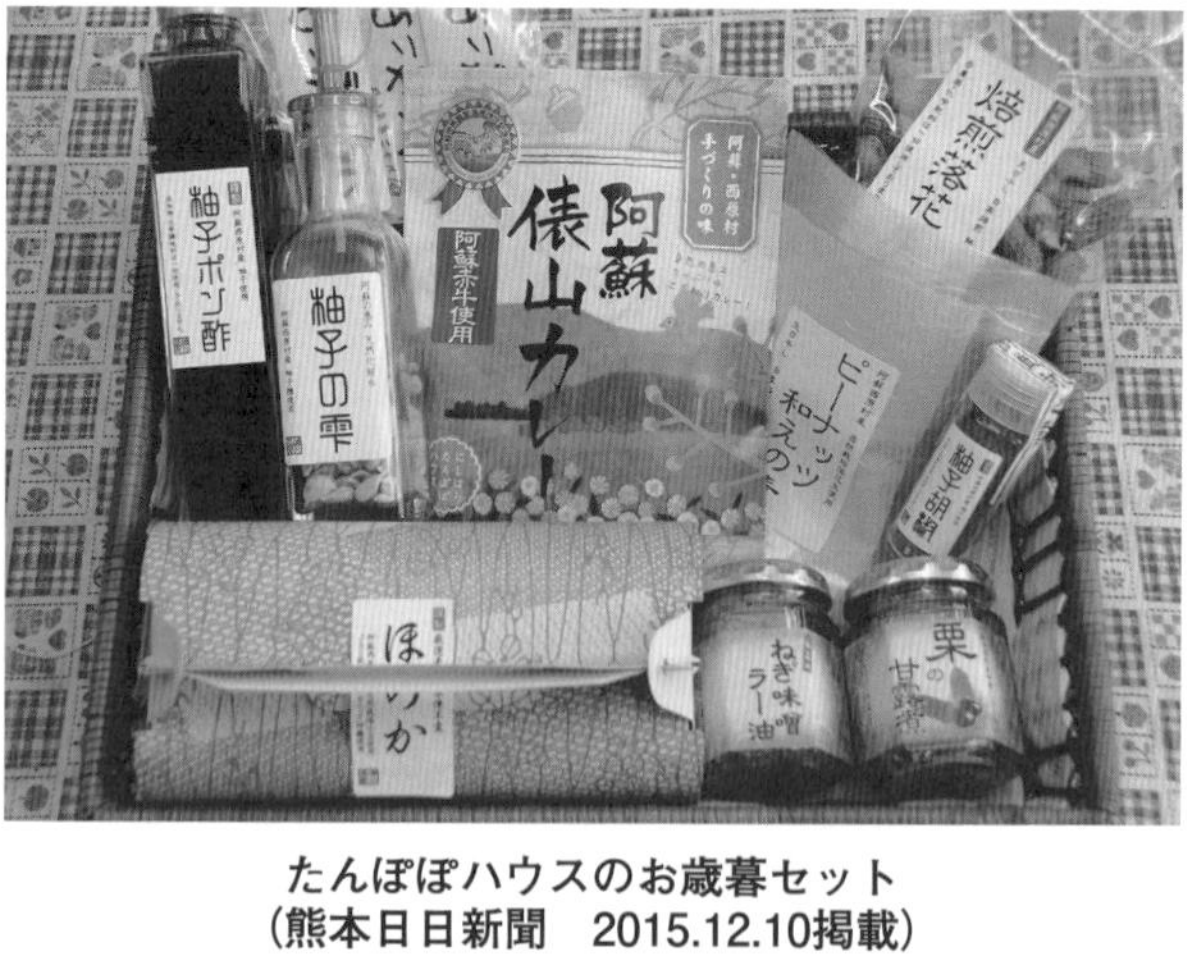

たんぽぽハウスのお歳暮セット
（熊本日日新聞　2015.12.10掲載）

商店街（愛称・ピアクレス）内にあるが、西原村にも直営店がある。菅乃屋によれば、「西原店は、レストラン、パン工房、お土産が併設された複合施設であり、レストランでは、馬肉のハンバーグ、ステーキ、焼肉がメインで、サイドメニューとしてサラダ、カレー、焼き立てパンが食べ放題となっておりボリューム満点。ファミリーから旅行客のお客様まで楽しめます」とのことである。さらに、からし蓮根で有名な熊本市中央区新町にある「元祖　森からし蓮根」も、阿蘇くまもと空港内で販売をしている。

いずれも、熊本の土産としてお薦めの逸品である。ＪＲから阿蘇くまもと空港までの交通機関であるが、バス、タクシーなど色々とある中で、特に便利なものに、「空港ライナー」がある。予約は不要で無料。ＪＲ肥後大津駅と阿蘇くまもと空港間をつないでいる。社会実験の一つとして導入された。所要時間は、15分程度。阿蘇くまもと空港を利用するには、大変に便利な交通機関である。

＊参考「お菓子の香梅」のホームページ
＊参考「菅乃屋」のホームページ
＊参考「阿蘇くまもと空港ライナー」のホームページ

阿蘇くまもと空港
（熊本日日新聞　2013.8.21）

荒尾「売れる商品を作ろう！」

「万田坑」の町、ブドウ酒でまちおこし―青研『荒尾乃葡萄酒』の開発―

実施日　２０１５年３月９日(月)　時間　14：00～15：30　開催場所　びぷれす熊日会館７階

企業組合中央青空企画　代表理事　弥山雄一郎氏
企業組合中央青空企画　元地域提案型雇用創造促進事業　事業推進
荒尾市地域再生事業担当　清田　聡氏
荒尾市役所　産業振興課　観光推進室長　馬場理恵子氏
株式会社野田商店　観光事業部　営業部長　森本　誠喜氏

◆紹介

「荒尾」は、熊本県の西北端に位置し、福岡県大牟田市、玉名市、長洲町に接しており、有明海を隔てて長崎県に四方を挟まれている。東部には、小岱山《しょうだいさん》があり荒尾市側の筒ヶ岳は５０１・４メートルで、西の有明海へとなだらかな丘陵が起伏している。河川は、関川、浦川、菜切川、行末川が主要なもので、小岱山から有明海に注いでいる。風向きは北風が最も多く、降雨少なく、季節風もあまり強くない。温暖で四季の変化にとんでいる。そのため、自然条件を生かして、河川流域の平坦地では水稲栽培、丘陵地では特産の荒尾梨、ミカン、スイカなどを栽培。海岸部では遠浅を生かした海苔養殖やアサリ採貝、マジャク（アナジャコ）取りが行われている。荒尾市は平成24年、市制施行70周年を迎えたのを記念して「荒尾八景」を発表。「一景　有明海（雲仙を望む景観）」、「二景　万田坑」、

「三景　宮崎兄弟の生家（梅の花）」、「四景　梨の花」、「五景　小岱山」、「六景　岩本橋」、「七景　荒尾干潟と渡り鳥」、「八景　野原八幡宮（節頭行事）」がそうである。

＊参考「荒尾市」ホームページ

◆ねらい

荒尾の商店街では、高齢化と後継者問題で商店の継続が危ぶまれている。平成９年の三池炭鉱の閉山によって地域経済は低迷し、郊外に大規模ショッピングモールが立地してからは、中央商店街の店舗も閉店が相次いでいる現状である。

◆取り組み

商店街の活気を取りもどすために、中央商店街では写真館など、ワイン製造未経験者が集まり、特徴ある商品の開発と持続的な販売を目指して、青空まちなか研究室（以下、青研《あおけん》）を拠点にして「ワイナリー」を始めた。荒尾市との共同の取り組みであり、本セミナーのパネラーである弥山氏、清田氏の二人が中心となった。平成９年、三池炭鉱の閉山によって地域経済は低迷。郊外に大規模ショッピングモールが立地してからは、中央商店街の店舗も閉店が相次いだ。そんな中、荒尾市は「地域再生マネジャー制度」を活用し、総務省の地域再生マネジャー事業で派遣された関東学院大非常勤講師である斉藤俊幸氏の指導の下、若手商店主が数人いる中央商店街に対し、街中でのワイナリーの取り組みへの協力と参画を呼びかけた。平成17年5月23日付の熊本日日新聞の記事「『食』テーマに地域再生　荒尾市に研究拠点

小代焼の窯元
（熊本日日新聞　2015.2.24掲載）

オープン」によれば、斉藤氏が常駐し、地元の農漁業、商業関係者らと新たなビジネスモデルを探り、特産梨や輸入果汁などを利用して、年間約6千リットルのワインを生産し、売り上げ1千万円を見込むとのこと。事業費の約300万円は、市民に1口1万円の出資を募るとのことである。以下は弥山氏と筆者とのやりとりである。

ワインづくりのきっかけは?― どうすれば、このちっちゃい商店街が生き残れるのかと、毎週商店の5人と集まって議論していました。そんな時、ワインづくりの話が荒尾市から届きました。商店街の再生を賭けたワインづくり。いちかばちかやってみよう、という機運になりました。ワイン作りの免許の取得に、1年ほどかかりました。

資金繰りは?― 農産物を販売する青空市を開いて、機材、設備投資、家賃などの活動資金を集めました。また、サポーター制度を立ち上げて、ひとり1口で1万円を募りましたら、160万円ほど集まりました。出資者も集まり、やるしかないという気になりました。

青空市の売り上げで、中央青空企画を設立し、ワイン『荒尾乃葡萄酒』を売り出すことになった。原材料のブドウは、輸入物であるが地元手作りのワインとして販売を行った。

＊参考「取組事例から学ぶ　未来志向型商店街『荒尾市中央商店街』」ホームページ

荒尾セミナーの様子
(髙山秀造氏　2015.3.9撮影)

◆成果

ワインを製造するための資金繰りとして始めた青空市は、「買い物弱者」の高齢者の助けにもなった。平成18年5月29日付の熊本日日新聞の記事「射程＝地域再生のモデル―「青研」荒尾市」によれば、青研的なものが荒尾市内各所にでき、住民と一緒に知恵を絞れば小投資でも確実な収益や効果が得られるとみているとのこと。清田氏は語る。

青研的なものが、近隣にできたか？―わたしたちの青研の取り組みを見て、青空市のように農産物を販売する農産市が、他の商店街でも始まりました。当初は青空市のように、買い物弱者の高齢者の助けになっていましたが、そのうち近くに格安の生鮮食品販売ストアーが出来てしまい、残念ながら閉店してしまいました。しかしながら、格安の生鮮食品販売ストアーが買い物弱者の高齢者の助けになってくれるなら、それはそれでいいのではないか、と考えています。

いちかばちかのワイン作り。サポーター制度を立ち上げ、出資者も集まり、やるしかないという気概。「買い物弱者の高齢者の助けになってくれるなら、それはそれでいい」というポジティブさ。まちづくりに懸ける意気込みの原点を垣間見た。

荒尾乃葡萄酒
（企業組合中央青空企画　青研・青空ワイナリー）

「食」テーマに地域再生

荒尾市に研究拠点オープン

空き店舗を活用

特産生かし商品開発へ

荒尾市が進める「食」をテーマにした地域再生計画の研究拠点「青研」（あおけん）が二十二日、同市増永の中央商店街にオープンした。商店街有志によるワイナリー開設で活動資金を捻出（ねんしゅつ）し、地元資源を生かした商品開発や雇用創出を目指す。

荒尾市は地域再生計画「中小企業及び観光と農商業の共生対流事業」を国に申請、昨年六月に認定を受けた。「青研」を拠点に、同計画の具体化を図る。「青研」は青空研究室の略称。

中央商店街にある空き店舗（約四十平方㍍）を活用。総務省の地域再生マネジャー事業で派遣された関東学院大非常勤講師斉藤俊幸さん(45)らが常駐し、地元の農商業、商業関係者らと新たなビジネスモデルを探る。

研究活動の資金源となるワイナリーは来春までに、商店街有志が企業組合を立ち上げ開設する。特産ナシや輸入果汁などを使って年間約六千㍑のワインを生産し、売り上げ一千万円を見込む。事業費の約三百万円は、市民に一口一万円の出資を募る。企業組合に参加する商店主赤山雄一郎さん(33)は「畑違いの分野への挑戦だけど、地域の夢を育てていきたい」と意気込んでいる。

ヨーグルトやナシ加工品開発、市民運営によるレストラン開設なども検討している。

オープニング式典には約五十人が参加。前畑淳治市長が「地元資源を有効活用し、市民に喜ばれる事業を進めてほしい」と激励した。同日は農産物を直売する青空市やハーブ喫茶がスタート。地域再生マネジャーの斉藤さんは「中高年や若者たちの雇用の受け皿にも発展させていきたい」と話していた。（岩瀬茂実）

地元資源を生かした商品開発などの研究拠点としてオープンした「青研」＝荒尾市

青研オープンを伝える記事
（熊本日日新聞　2005.5.23掲載）

◆その後

農産物販売の青空市では、農産物以外にも日常生活品を販売するようになった。また、青研は、高齢者の集いの場ともなり、高齢者の安全・健康を見守る場ともなってきている。「売れる商品」づくりの活動が、地域の安全にプラスの副産物を生んだことになる。平成20年2月17日付の熊本日日新聞の記事「高齢者支える『徒歩圏内マーケット』荒尾市で3店舗運営」によれば、荒尾市で生まれた「徒歩圏内マーケット」は、商圏を半径300メートル・世帯数150程度の限定したエリアに設定、地域ニーズに合った野菜や総菜などを売るミニマーケットだということだ。これらは地元商店主らが運営し、商品を供給するのも地元の生産者。空き店舗活用などでコストを抑えつつ、地域でお金を循環させる取り組みは、交通手段のない高齢者の生活を支える場として存在感を高めている。

熊本県は、県内各地への徒歩圏内マーケットの普及を目指し、設立マニュアルと概略版のパンフレットを作成。熊本県商工政策課は、熊本で定義づけられた全国初のモデルとして、「高齢者の生活インフラ整備につながるだけでなく、住民自ら運営することで創意工夫も生かせる。小規模農家の販路開拓にもつながっている」と、荒尾方式の可能性に注目しているとのことである。

◆トピックス　万田坑

平成27年7月、ユネスコの世界遺産委員会において、万田坑と専用鉄道敷跡が「明治日本の産業革命遺産　製鉄・製鋼、造船、石炭産業」として、世界遺産に登録されることが決定した。本遺産群は、日本が製

青研感謝祭の様子
（企業組合中央青空企画　青研・青空ワイナリー）

鉄・製鋼、造船、石炭産業により近代化（産業化）を成し遂げていく過程を、現存する歴史的建造物、土木構造物などで証言している。構成資産は、九州（福岡県、佐賀県、長崎県、熊本県、鹿児島県）、山口県、静岡県、岩手県の8県に分散している。万田坑は、大牟田市（福岡県）と荒尾市（熊本県）にまたがっている「三池炭鉱」の中でも、とくに中心的な日本最大規模の竪坑である。万田坑は宮原坑（大牟田市）の南約1・5キロメートルの位置に開かれ、三井の総力を挙げて整備された。明治30年から同35年にかけて作られた第一竪坑と、明治31年から同41年にかけて作られた第二竪坑とからなる。三池炭鉱は明治初期、政府直轄の炭鉱となり、以後、近代的な手法を導入することで大規模に開発され、わが国最大の炭鉱へと飛躍・発展して行った。その後の労働争議や爆発事故、エネルギー革命など、三井の経営は厳しさを増す中で、三井三池炭鉱は平成9年3月、閉山となった。

＊参考「荒尾市万田坑」ホームページ

万田坑（熊本日日新聞　2015.7.8掲載）

まとめ 以上の6事例より、「「食」を活用したまちづくり」に必要な要因として、次の3つが挙げられよう。

① 特徴ある商品の開発
② ブランド化
③ 規格外農産物の有効利用

ワンポイント経済学② ―6次産業―

「6次産業」は既に認知されている通り、「1次産業（生産）」、「2次産業（加工）」、「3次産業（販売）」をトータルとして併せた産業体としての造語である。これら産業を足し合わせて、あるいは掛け合わせて「6次産業」と呼ばれている。ここで、6次産業について、「六次産業化法」（平成22年12月3日公布）の前文から引用することで、その「ねらい」を紹介する。ちなみに、正しい法律名は「地域資源を活用した農林漁業者等による新事業の創出等及び地域の農林水産物の利用促進に関する法律」である。

ねらいは次の3点である。①「一次産業としての農林漁業と、二次産業としての製造業、三次産業としての小売業等の事業との総合的かつ一体的な推進を図り、地域資源を活用した新たな付加価値を生み出す」、②「地域の農林水産物の利用を促進することによる国産の農林水産物の消費を拡大する地産地消等の取組が相まって、農林漁業者の所得の確保を通じて農林漁業の持続的かつ健全な発展を可能とする」、③「農山漁村の活力の再生、消費者の利益の増進、食料自給率の向上等に重要な役割を担う」。そのために、「地域資源を活用した農林漁業者等による新事業の創出等に関する施策を講じて農山漁村における六次産業化を推進する」ことが求められている。ここに、地域の食資源である「食文化」を活用した観光振興の可能性があり、そのままでは流通にそぐわない地場産品に加工を施し、他にない付加価値を付け販売をすると、「流通の活性化」、「物流コストの軽減」などにより地域の食資源を全国へ情報発信することが可能となる。すなわち、6次産業化の推進は、そのまま観光振興にもつなげられる施策である。

第三章◉
歴史・自然・伝統資源の活用

長洲／芦北／美里／山都／菊陽／御船

長洲「伝統産業を守ろう!」

長洲の「あさり」を活用した6次産業の取り組みと長洲の金魚で活性化

―「長洲きゃあめし弁当」と「ふれきんちゃん」―

実施日　2014年4月21日(月)　時間　14：00～15：30　開催場所　びぷれす熊日会館7階

長洲町養魚組合　顧問　中島　秀雄氏
長洲町旅館飲食店組合　組合長　西川　勝博氏
長洲町役場　まちづくり課長　田成　修一氏
株式会社野田商店　観光事業部　営業部長　森本　誠喜氏

◆紹介

「長洲」は、対岸に島原半島、北は荒尾市に接する地に位置している。有明海に突き出した細長い洲で、古くは漁業者の目標地、あるいは前進基地であった。慶長12年には肥後藩主加藤清正（永禄5～慶長16年）によって、そして寛文4年には肥後藩主細川綱利（寛永20～正徳4年）により、大規模な干拓事業が行われ、現在の広大な水田地帯が形成された。有明海の干満の差は大きく、干潮時には約2キロメートルにも及ぶ干潟が現出し、ノリ養殖などの好漁場となっている。現在、海上には長洲港と長崎県の多比良港とを結ぶ有明フェリーが運航するなど、海上交通の便が発達している。また、長洲は奈良県大和郡山市や愛知県弥富市と並んで、金魚が有名である。そのため、長洲の町の花は、金魚草（ゴマノハクサ科の多年草。地中海沿岸部原産。別名「スナップ＝ドラゴン」）に指定されている。

＊参考「長洲町」のホームページ

◆ねらい

有明海を運航するフェリーの寄港地である長洲は、その乗降客や新幹線新玉名駅利用者をターゲットに、長洲をより広く知ってもらおうと、食「有明産アサリ」と伝統産業「金魚」の両面から長洲をアピールしていく。

◆取り組み

長洲では、伝統産業の金魚の祭りを開催している。

平成27年5月4日付の熊本日日新聞の記事「金魚すくい　腕前競う　長洲町」によれば、平成27年5月3日、金魚の産地として知られる長洲町で、第20回九州金魚すくい選手権大会が開催されたとのことである。「金魚と鯉の郷広場」に設けられた会場では、約５００匹の体長３～５センチの小赤が入った水槽が並び、「ポイ」と呼ばれる紙製のすくい網を使用して、３分間にすくった数を個人ごとに競ったとのこと。

金魚の原産地は中国江西省であり、日本には16世紀はじめ、泉州左海の津（現大阪府堺市）に入ってきたのがはじまりだ。その後長洲にどの

長洲港の風景
（長洲町）

長洲セミナーの様子
（髙山秀造氏　2014.4.21撮影）

ような経路で入ってきたか定かではないが、肥後細川藩の記録には、長洲で金魚養殖がされていたとの記述がある。ただし現在のような大量生産になったのは明治以降のことで、奈良県大和郡山市、愛知県弥富市と並んで、長洲は現在金魚の名産地として知られており、九州全域を中心に、西日本、東北地方にも出荷しているという。現在、長洲町のマスコットキャラクター「ふれきんちゃん」が、長洲のアピールに一役買っている。また、長洲には施設「金魚の館」があり、そこではものづくり体験を一堂に集めたものづくりフェアを開催。熊本県産の杉やヒノキなどの自然素材を活用し、ものを買うのではなく作ることを通じて、自然やもの作りの大切さを学ぶ体験の場を提供している。また、長洲は金魚だけではなく、鯉も有名である。本セミナーのパネラーである中島氏は語る。

長洲は金魚だけでなく鯉も有名?― 戦時中、鯉は緋鯉だけで主に食用でした。それが、戦後になり新潟から錦鯉が観賞用として入ってくると、長洲では錦鯉の生産が始まり、金魚と共に有名になりました。

火の国長洲金魚まつりでは、長洲の食の物産市として、『長洲きゃあめし弁当』の販売、長洲産ミニトマトの直

金魚の館館内の様子
(長洲町)

売など、同時開催している。

＊参考「長洲町観光情報サイト　金魚について」のホームページ

◆成果

「食」の面でも、長洲を売り出そうと、有明産アサリを使った『長洲きゃあめし弁当』が開発された。「きゃあ」とは長洲でアサリを意味する。長洲町旅館飲食店組合が開発したものであり、長洲の特産品として徐々に知名度を上げてきている。本セミナーのパネラーである西川氏が中心となって精力的に活動した成果である。以下は、西川氏と筆者とのやりとりである。

『長洲きゃあめし弁当』の誕生秘話は？―　長洲をアピールできる名物弁当を作りたい。その気持ちで、飲食店が集まりました。各自、思い思いの弁当を作って議論しましたが、最終的に、長洲をアピールできる食材はアサリしかないという結論にたどり着き、『長洲きゃあめし弁当』が出来上がりました。アサリのうまみがじっくりしみた炊き込みご飯、アサリの酒蒸し、有明海産のイイダコの煮つけなど、長洲の旬の食材が詰まった商品となりました。平成24年度の熊本県物産振興協会主催の優良商品審査会では、優良商品賞を受賞しました。

長洲きゃあめし弁当
（長洲町）

今後の課題は？――各販売店舗での味の統一。長洲のアサリが採れないときも、少なくとも有明海産を使用するなど、食材をできる限り熊本県産に絞り込むというところです。

◆その後

「金魚サミットin大和郡山」への参加による奈良県大和郡山市との連携の他に、埼玉県養殖漁業協同組合、東京都の金魚坂など、各団体や企業との連携による長洲金魚のPR、金魚を雇用創出の鍵にする取り組みなどで、金魚養殖の活性化にも乗り出している。平成27年10月5日付の熊本日日新聞の記事「地方創生に情報技術を　長洲町、NTT西と協定」によれば、長洲町が熊本県、長洲町養魚組合などと設立した町地域雇用創造協議会（当時、会長は中逸博光町長）は、町の特産を生かした商品開発などを支援し、2015年度からの3年間で93人の雇用創出を目指したいとのこと。金魚をモチーフにしたグッズ、農水産物を生かしたご当地グルメなどを開発。食品加工やパッケージデザイン、販路拡大、起業などについての各種セミナーも開く予定とのこと。長洲町商工会も町地域雇用創造協議会設立に関与している。

◆トピックス　のしこら祭り

長洲では、「のしこら祭」が有名である。ハイライトは金魚みこしを担いでのタイムトライアルレース。のしこら祭の「のしこら」の意味は、長洲町に昔から歌い継がれている長洲嫁入り唄という唄の囃子詞に、「のんしこら」という部分があり、そこには、いろいろな苦労や世間の荒波を乗り越えて、長寿をまっとうするという意味が込められており、また、嫁入りに「のしを添える」という意味も込められていると言われている。さて、以下は金魚みこしタイムトライアルレースについての、長洲町役場まちづくり課と筆者とやりとりである。

参加するチームと平成27年の上位タイムは?― チームは一般応募。その他、地域企業、消防団、県職員、役場職員、有志団体など。例年大体５～６チームが参加。優勝が、「ＪＭＵ（株）有明事業所　ベトナム研修生」で、タイムが23秒09。２位のタイムが24秒09、３位のタイムが26秒17。

神輿は数種類あるが、全チーム同じ金魚神輿か?― レースでは基本的に全チーム同じ神輿。最近は、ほとんどランチュウ。長洲の夏の風物詩のしこら祭り。ぜひお越しいただきたい。

＊参考「長洲町」のホームページ

ふれきんちゃん
（長洲町）

のしこら祭り
（長洲町）

芦北「〝海〟を生かそう！」

芦北町のフードバレー構想 ― 芦北町漁業協同組合と【日本最南端自然蔵】の取組み ―

実施日　２０１４年８月６日㈬　時間　14：00～15：30　開催場所　びぷれす熊日会館７階

芦北町漁業協同組合　代表理事組合長　八里　政夫氏
亀萬酒造合資会社　製造部長　竹田　瑠典氏
水俣・芦北地域雇用創造協議会　熊本県芦北地域振興局　総務振興課
（兼）熊本県地域振興課　主幹　緒方　竜二氏
株式会社野田商店　観光事業部　営業部長　森本　誠喜氏

◆紹介

「芦北」は、熊本県の南部に位置、不知火海（八代海）に面し、対岸が天草である。気候は温暖で、甘夏ミカンやデコポンの産地として有名である。カヤックが楽しめる御立岬公園海水浴場や、美しい白砂と穏やかな海の鶴ヶ浜海水浴場、入江の美しい白砂ビーチをもつマリンパークビーチなど、特徴ある良質の海水浴場を多数有している。田浦ＩＣそばには、「道の駅　たのうら」があり、芦北の特産品や、田浦特産の甘夏ミカンやデコポンを使ったゼリー、プリン、クッキーなどが並ぶ。また、

サラたまちゃん
（ＪＡあしきた）

温暖多雨な気候と不知火海の潮風など、自然の恵みを受け、あしきた農業協同組合では、辛味が少なく、みずみずしい美味しさで人気のサラダたまねぎ「サラたまちゃん」を出荷。3月から6月までの限定品であり、平成9年度、第3回全国環境保全型農業推進コンクールで、農林水産大臣賞を受賞した。さらに、にごり酒で有名な日本最南端自然蔵の酒造メーカー亀萬酒造もある。

＊参考「芦北町」のホームページ

＊参考「JAあしきた」のホームページ

◆ねらい

不知火海で操業している底引き網漁法（帆船）「うたせ船」を体験型の海の観光として売り出しているが、修学旅行生の体験が多い。集客の時期が固定されるので、さらに一般、特に女性客をいかに呼び込むかが求められている。

◆取り組み

芦北のうたせ（打瀬）船は、真白い帆に風を漲らせ、不知火海を滑るがごとく航行する姿から、海の貴婦人と呼ばれ、不知火海のシンボルとなっている。漁法は、伝統の底引き漁法である。収穫は主にクルマエビ、イシエビ、カニ、シャコなど。うたせ船は、瀬戸内海に起源を持ち、芦北には明治初期に伝わってきたといわれる。細川藩時代、芦北の浦々にいた多くのお抱え水夫が藩の御用により、日本漁業の先進地である近畿

芦北セミナーの様子
（髙山秀造氏　2014.8.6撮影）

地方に度々出張し、他所での漁業を見聞する機会を得ていたことが、うたせ網漁業の積極的な芦北への導入につながったようだ。母港は、佐敷港内の計石《はかりいし》港。ここに、芦北町漁業協同組合があり、本セミナーのパネラーである八里氏が代表理事（組合長）を務めている。以下は八里氏と筆者とのやりとりである。

うたせ船の体験型漁船観光のはじまりは？― 昭和56年、うたせ船に観光客を乗せる体験型漁船観光をスタート。夏場の6～8月、冬場の11～2月は、漁期で多忙ですが、それ以外のオフ期をいかに収入に結び付けるかを考えたのがはじまりです。

どのような方が、体験型漁船観光に訪れる？― 団体よりも個人やグループでの問い合わせが増えています。そのため、本来はうたせ船一隻チャーターのところを、4、5月と9、10月は、キャンペーンとして、個人やグループでの申し込みを受け付けています。団体では、修学旅行生や体験教育の子どもたちが多いです。

平成19年8月5日付の熊本日日新聞の記事「〝海の貴婦人〟で漁体験」によれば、うたせ船の体験型漁船観光は、白い帆を張った船上で、芸州流しという伝統漁法を体験したり、不知火海の幸をふんだんに使った料理を楽しんだりするという。うたせ船の体験料は定員12名で、4万円（税込）。別料金で船上料

芦北のうたせ船
（芦北町観光協会）

体験型漁船観光の様子
（熊本日日新聞　2015.10.26）

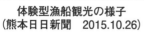

理が注文できるとのことである。

＊参考「芦北町観光協会」のホームページ

◆成果

八里氏によると、うたせ船の出航数は、夏（7、8月）がおおよそ25隻、秋（9、10月）はおおよそ50隻ということだ（秋は修学旅行で多くなる）。5月の連休など、体験料が割安の時期には、県外からも参加者が多くやって来る。平成17年5月30日付の熊本日日新聞の記事「うたせ船でイタリアン」によれば、女性専用の観光うたせ船「レディース船」が就航していて人気を博しているとのこと。レディース船は、平成17年4月1日から就航。エアコン・洗面台・水洗トイレを完備し、女性も快適なクルージングが楽しめるというのがコンセプトだ。希望により、地元のイタリア料理店の食事を船上で楽しむことも可能とのことである。八里氏は語る。

レディース船のほかに成果は?― ここ十数年、地元の中学三年生を体験乗船させる卒業記念事業を、芦北町の補助金で行っています。芦北町への郷土愛を深めてもらえればとの思いで続けており、その思いは伝わっていると感じています。

＊参考「芦北町観光協会」のホームページ

◆その後

レディース船、うたせ船祭りなど、観光客を増やしているが、さらに、うたせ船のイメージアップのため、イルミネーションを施すことも始められている。平成23年12月24日付の熊本日日新聞の記事「うたせ船　聖夜の海彩る」によれば、クリスマスに合わせて、カラフルなイルミネーションで飾られたうたせ船が、芦北町の計石港を彩ったとある。船は芦北漁協が管理するレディース船。４本のマストをつなぐ約60メートルのイルミネーションが周囲を照らす。うたせ船の知名度を上げようと、漁協が平成21年の大晦日から続けている。関連して、本セミナーでのフロアーから、「海賊船のように、帆にアニメを描くことはいかが」との提案が出された。八里氏は、「面白い発想」と答えられた。その他、芦北の水産物（足赤エビ、養殖マガキなど）を使った特産品の開発も視野に入れており、うたせ船による海の観光をさらに盛り上げたいということである。

◆トピックス　肥薩おれんじ鉄道

九州新幹線（新八代駅・鹿児島中央駅間）が、平成16年３月13日に開業。それに伴い、熊本県、鹿児島県、沿線自治体および日本貨物鉄道（ＪＲ貨物）が出資する第三セクター方式により、「肥薩おれんじ鉄道株式会社」（設立：平成14年10月31日）が、同日、八代駅・川内駅間を開業した。「九州西海岸を行く　動くレストラン」がキャッチフレーズの観光列車「おれんじ食堂」（熊本県八代市と鹿児島県薩摩川内市を結ぶ）が人気である。肥薩おれんじ鉄道株式会社総務部総務課によれば、おれんじ食堂は、平成28年３月で４年目を迎える。これまで金、土、日、祝日を中心に運行し、年間１万人以上が利用している同列車は、地産地消、スローライフ・スロー

肥薩おれんじ鉄道（熊本日日新聞　2014.3.6）

フードをコンセプトに、便ごとに海産物や肉類など、料理にテーマを持たせることや、夜の回送列車を酒類中心の「おれんじバー」として新設するなど、様々な企画を展開してきた。景勝地での徐行運転や、３便でのピアノ生演奏、駅ホームに開設する駅マルシェへの立ち寄り（４便「おれんじバー」を除く）や沿線地域ならではの特産品の土産も利用者に大変好評である。九州西海岸を訪れる際には、ぜひ、おれんじ食堂をお楽しみいただきたい。

＊参考「肥薩おれんじ鉄道」のホームページ

美里「〝農村〟を歩こう!」

美里町のフットパスと石橋で地域おこし

実施日　２０１４年９月２日㈫　時間　14：00～15：30　開催場所　びぷれす熊日会館７階

美里町文化交流センター「ひびき」館長　濱田　孝正氏
美里フットパス協会　運営委員長　井澤るり子氏
『霊台橋　最高の美しさに秘められた幕末の黄金比』著者　一村　一博氏
株式会社野田商店　観光事業部　営業部長　森本　誠喜氏

◆紹介

「美里」は熊本のほぼ中央（へそ）に位置している。平成16年、中央町と砥用《ともち》町が合併して美里町となった。美里町の町名は、全国公募の中から選考し、「いつまでも美しいふる里でありますように」との願いから美里町となった。ちなみに、中央町の町名の由来は、熊本県のほぼ中央に位置していること、また砥用町は平安時代の書「富神郷」と出ているのが始まりといわれ、「砥（と）」は山、「用（もち、むち）」は神の意味。山と神、山神の郷というといわれをもつと伝えられている。中央町は、美里町の合併以前、企業誘致や小中学校の統廃合、日本一の石段建設、カントリーパークの整備、基幹産業である農業の振興などに取り組んできた。また、砥用町も、企業誘致や小中学校の統廃合、緑川ダムや霊台橋を中心とした観光整備、簡易水道の整備、基幹産業である農業の振興などに取り組んできた。現在、美里町は「フットパスの町」として、全国的に有名である。

＊参考「美里町」ホームページ

◆ねらい

美里は棚田の風景も美しく、霊台橋をはじめとして、大小30以上の石橋があり、農村の風景を楽しめる場所である。この農村の風景を売りとして、交流人口を増やし、美里を活気づけたいとの思いがある。

◆取り組み

美里では「フットパス」に官民一体で取り組んでいる。本セミナーのパネラーである濱田氏は、日本フットパス協会の理事でもある。また同じくパネラーである井澤氏は、美里町の職員でもあり、美里フットパス協会の運営委員長としても活躍している。ここで、美里フットパス協会の設立趣旨を原文のまま紹介する。「平成23年度より美里町内において『美里フットパス』を、美里町商工会及び美里町振興協議会で進めて参りました。フットパスとは地域に残るすばらしい農村景観を歩きながら楽しむ活動で、新しい地域活動として注目されています。現在15コースを選定して、ガイドマップ等を製作し、美里町を訪問する方々に、新たな美里町の楽しみ方を提案している所です。この活動を地域のツーリズムの核として、さらに充実させることで、美里町の潜在的な魅力を発信したいと考えています。今後、美里町の住民や訪問者の皆さんが、フットパスに様々な形で参画できる組織が必要であるとのことから、本協会を設立いたしました」（「美里フットパス協会」ホームページから引用）。濱田氏は語る。

日本一の石段
（熊本日日新聞　2012.5.5掲載）

美里でフットパスに取り組んだきっかけは？―歩けば見えてくる、石橋や鉄道跡、棚田という、美里の景観のすばらしさ。その景観は、地元の美里の人が生業《なりわい》のなかで維持してきたものである。その中を歩けば、滞在時間が長くなるのではないだろうか。こういう点に気づき、答えはフットパスに、たどり着きました。

また、井澤氏も次のように語った。

フットパスの魅力は？―フットパスとは、「Ｆｏｏｔ」（フット、歩く）と「Ｐａｔｈ」（パス、小径）のこと。イギリスが発祥です。里山、田園地帯、古い町並みなど、昔からその地域に残るありのままの風景の中を心身積極的に歩くことを楽しむ、これがフットパスのすばらしいところであり魅力です。

フットパスは、積極的に歩くことを楽しむことであるが、ただ歩くのではなく、地域の人が生活をしている中を歩くことで、地域と一体となることができる取り組みであり、それが地域へ人を呼び込む起爆剤となるのではないかということである。

◆成果

美里のフットパスは平成23年から始まった、まだ美里では新しい試みであるにも関わらず、平成26年、全国地域

美里町セミナーの様子
（髙山秀造氏　2014.9.2撮影）

づくり推進協議会会長賞を受賞。本賞は、創意と工夫を生かした個性的な地域づくりで顕著な功績があった優良事例を表彰し、地域交流の活性化と地域づくり活動の奨励を図ることを目的としたものである。平成27年には、くまもと里モン賞を受賞するなど、熊本のみならず、全国区で活動が評価されている。輝かしい受賞に至るまでには、目に見える成果と目に見えない成果があったと、濱田氏は語る。「目に見える成果は、平成25年度の主催ウォーキングは320万円の予算だったが、参加者が1153名にのぼり、事業の拡大により610万円の決算となり、そのうち456万円は、宿泊や飲食などで地域に還元されたこと。目に見えない成果は、主体的に美化に努める地域や個人が増えたことや、地域を歩く人を歓迎する機運が熟成したこと、そして校区にフットパスがあることが小学生の自慢になったことなどです」。また井澤氏は、「地域の方の笑顔、それが地域の幸福度となり、一番の成果です」とも語った。

＊参考「美里フットパス協会」ホームページ

◆その後

数々の栄誉ある賞を受賞し、全国的にも高い評価をされている美里のフットパス。現在美里では、さらに美里でのフットパスの可能性を探ろうと、本場のイギリスとの間でシンポジウムも開催されている。平成27年11月29日付の熊本日日新聞の記事「フットパス　可能性探る　英国人夫妻が本場の現状紹介」によれば、自然や史跡などを歩いて楽しむフットパスについてのシンポジウムが

フットパス弁当
(美里フットパス協会事務局)

参加者と地元住民との交流風景
(美里フットパス協会事務局)

平成27年11月26日、美里町の文化交流センター「ひびき」で開催されたことが紹介された。そこで、フットパス発祥地の英国で、コースの管理などを担うロバート・タルボット氏、シーラ女史の夫妻が、本場である英国のフットパスの現状を語ったという。夫妻は、ロンドンの西約100キロメートルにある人口約5千人のウィンチコムで、宿泊施設や飲食店が連携してフットパス参加者を歓迎する態勢づくりにも取り組んでおり、ホテル宿泊客は倍増したと集客効果を強調。さらに荷物運びや、ガイド仲介のビジネスがあることも紹介し、日本でもできるはずと期待を語ったとのこと。今後も、美里でのフットパスは、盛り上がりが期待される。

◆トピックス　霊台橋

「霊台橋（れいだいきょう・れいたいきょう）」は、美里の緑川本流、船津峡に架かる石橋である。おどろおどろしい名の石橋であるが、江戸時代に作られた石造単一アーチ橋としては、日本一の大きさを誇る。矢部にいたる難所の船津峡は、交通の要衝で江戸中期より木橋が架けられたが、いずれも流失。そのため、砥用手永惣の庄屋、篠原善兵衛《ささはらぜんべい》（天明7~安政3年）が、石橋架橋を計画。峙原村（現、美里町涌井《ゆい》）の大工棟梁、伴七（改め、茂見伴右衛門。生没年不詳）が補佐、種山手永（現、八代市東陽町）の石工（種山石工）、宇助（卯助。生没年不詳）を棟梁とし、総勢72人の石工が各地より集められ、工事は弘化3年から4年にかけて行われた。明治以降も、昭和41年に上流に鉄橋が架かるまで道路橋として使用された。この霊台橋、交通の安全を求めて作られたが、美的にも優れた石橋である。

タルボット夫妻を迎えて
（美里フットパス協会事務局）

その美には、何が潜んでいるのか。それを追求し、解明した研究者が、本セミナーのパネラーで、『霊台橋　最高の美しさに秘められた幕末の黄金比』（熊日出版、平成23年）の著者、一村一博氏である。一村氏は、書名の通り、その美は、「黄金比」に潜んでいると指摘。お勧めの書籍である。ぜひ、ご一読いただきたい。

＊参考「美里町」ホームページ

霊台橋
（熊本日日新聞　2012.11.19）

山都「自然いっぱいエコパーク！」

再生可能エネルギーでむらを元気に―山都町・水増（みずまさり）―

実施日　２０１４年11月10日(月)　時間　14：00～15：30　開催場所　びぷれす熊日会館７階

TakeEnergy Corporation 株式会社　会長　竹元　茂一氏
水増ソーラーパーク管理組合　組合長　荒木　和久氏
山都町役場農林振興課　課長　藤島　精吾氏
株式会社野田商店　観光事業部　営業部長　森本　誠喜氏

◆紹介

「山都」は美里とならび、熊本のほぼ中央（へそ）に位置している。平成17年、阿蘇郡蘇陽町、上益城郡矢部町、同郡清和村が合併して山都町となった。世界最大級の阿蘇カルデラを形成する南外輪山のほぼ全域をおさめている。一級河川である五ヶ瀬川、緑川は山都町内の山間部にある水源を源流とし、分水嶺を堺にそれぞれ東西に流れている。山都町内には紅葉の美しい景勝地として有名な蘇陽峡や、緑仙峡、また五老ヶ滝（県指定名勝・天然記念物）、鵜の子滝、聖滝（県指定名勝・天然記念物）など、美しい滝も多く点在している。自然のままの照葉樹林、国特別天然記念物のニホンカモシカも多数生息しており、豊かな自然環境が数多く残されている。また、有名な人工物として、水を通す石橋「通潤橋」（山都町長原）がある。安政元年7月、灌漑用として、轟川に架けられた日本最大の水路橋である。水不足に悩んでいた白糸台地に住む民衆を救うため、物庄屋の布田保之助（享和元～明治6年）

が、「肥後の石工」の技術を用いて建設した、日本最大級の石造りアーチ水路橋。昭和35年、国の重要文化財に指定された。橋の上部にサイフォンの原理を応用した3本の石の通水管が敷設され、今でも、同時に掘られた下井手とともに、約115ヘクタール以上の水田を潤している。放水は通水管に詰まった堆積物を取り除くために行なわれており、9月上旬の八朔祭は、特別時間での放水（特別放水）が実施されている。通潤橋前には、道の駅通潤橋、通潤橋史料館がある。

＊参考「山都町」ホームページ

◆ねらい

山都の限界集落では、高齢化、後継者問題が押し寄せ、村落の存続の危機を迎えている。しかしながら、都会には無い自然や、田舎での不便な生活を逆手に取り、都会からの交流人口を増やすことで、地元の活性化を図ろうと考えている。

◆取り組み

山都の「水増《みずまさり》」では、太陽光、メガソーラーの売電収入で山都町の限界集落の活性化を目指す取り組みが行われている。エネルギー開発のベンチャー企業、「テイクエナジーコーポレーション（TakeEnergy Corporation 株式会社）」（菊陽町）が、この土地を賃借し、メガソーラーを建設・事業化している。本セミナーのパネラーである竹元

通潤橋
（熊本日日新聞　2016.4.2掲載）

氏は語る。

水増ソーラーパーク取り組みのきっかけは?―　限界集落である山都町の水増は10世帯ほどで、人口は20名もおらず、平均年齢は70歳を超えています。その村が、メガソーラーを求めて企業を募集し、東京の大手企業を含む14社から、テイクエナジーコーポレーションを選びました。それが始まりです。目指すのは、コミュニティの再興。再生可能エネルギーをトリガー（Trigger、引金）にして、農村集落の再生の実現を目指します。具体的には、売電収入により、有機農業の推進、耕作放棄地の再活用、農産物のブランド化、6次産業化への挑戦など。最終的な目標は、しなやかできめ細かな絆あふれるなつかしい未来コミュニティの実現です。

平成25年7月31日、水増ソーラーパーク管理組合と、賃貸借契約および包括協定の調印を行った。平成27年4月5日付の熊本日日新聞の記事「太陽光発電で地域再生　観光農園整備に売電収益」によれば、約3・4ヘクタールの敷地に約8千枚の太陽光パネルを設置し、平成26年5月から売電を開始。水増ソーラーパーク管理組合が年間賃料として、500万円を「テイクエナジーコーポレーション」から受け取るほか、売電収入（当初目標は1億円）の5パーセント（約500万円）を還元してもらい、観光農園などを整備する。竹元氏によれば、5パーセントのお金を払ってそれで終わりというわけではなく、投資という考え方で、集落内にお金を回していく戦略であるとのこと。荒木氏は「集落を建て直し、元気にするためにも、年間賃料と売電収入は有効に活用されるべきである」と語る。

山都セミナーの様子
（髙山秀造氏　2014.11.10撮影）

◆成果

平成27年現在、メガソーラーは建設継続中である。メガソーラーでの発電を九州電力に売電し、その売り上げでテーマパークである「エコパーク」（水増ソーラーパーク）を整備。ヤギ牧場、カブト虫ロード、ハーブ園などの設置や、有機農法により栽培した米や野菜を都市圏へ販売し、その売り上げでさらなる拡大を考えている。平成27年4月5日付の熊本日日新聞の記事「太陽光発電で地域再生　観光農園整備に売電収益」によれば、メガソーラーを拠点に、遊歩道や公園を整備し、子どもたちとの触れ合いや体験学習の場としての活用を考えているという。平成26年11月、バスケットボール男子のナショナルリーグ（ＮＢＬ）の熊本ヴォルターズの選手と子どもたちが一緒に稲刈りを体験したとのこと。本セミナー後、竹元氏は成果について、全体的に地主集落との関係は維持されており、目的は達成されている、と語った。

◆その後

竹元氏によれば、「集落の方々との良好な関係を築き、再生エネルギーと農業のコラボレーション、そして6次産業化への挑戦と協働事業に取り組もう」と、「健康・交流」をテーマにした農村カフェを計画中で、地鶏ファー

ずらりと並ぶ太陽光パネル
（竹元茂一氏）

ムを立ち上げたという。また、絶滅種の幻の大豆「八天狗」（はってんぐ）を栽培とともにメニュー開発・商品開発を検討中である。

平成27年11月29日付の熊本日日新聞「大豆『八天狗』売り出せ　山都町水増集落　地元農家ら栽培」によれば、八天狗は以前から山都町内で自家用として作られていたそうだ。一般的なフクユタカなどに比べて小粒で、実のへその部分が黒く色づくのが特徴。これまでほとんど流通していないが、その「うまさ」に注目した地元農家が平成27年から初めて35アールで栽培。テイクエナジーコーポレーションと協力し、売り出しのアイデアを探っているとのことである。

◆トピックス　清和文楽

「文楽」は、江戸時代初期、歌舞伎とほぼ同時期に成立したと言われている。浄瑠璃と人形が結びついた人形浄瑠璃が、義太夫節の竹本義太夫（慶安4～正徳4年）と浄瑠璃作者の近松門左衛門（承応2～享保9年）とのコンビにより、大人気となった。その後、人形浄瑠璃は盛衰を繰り返したが、幕末、植村文楽軒（宝暦元～文化7年）の文楽座が有力となり、文楽という呼び名が一般に定着した。「清和文楽」は江戸時代末期の嘉永年間、山都町（旧、清和村）を訪れた淡路の人形芝居の一座から浄瑠璃好きな村人が人形を買い求め、技術を習ったのが始まりとされる。清和文楽の一座は農家の人々で構成され、純粋な楽しみとして地域のお宮の農村舞台で奉納芝居を上演したり、各地の行事に招かれたりするなどして、伝承してきた。明治時代末期頃に一

ヤギ牧場（竹元茂一氏）

時期衰退するが、昭和に入り復活。昭和35年に文楽人形の技術保持者（2名）が熊本県無形文化財に指定されるまでになった。清和文楽は、今でも山都町で親しまれている。平成27年10月12日付の熊本日日新聞の記事「人形芝居　優美に照らす　かがり火の中　薪文楽　山都町」によれば、かがり火が揺れる幻想的な雰囲気の中で清和文楽を楽しむ薪文楽では、当時の舞台を再現しようと、大川阿蘇神社の境内で、清和文楽の里協会が毎年開いているとのことである。

薪文楽（熊本日日新聞　2014.10.13掲載）

菊陽「歴史に触れよう！」

にんじん焼酎「酔紅」と「鼻ぐり井手」で菊陽のまちおこし

実施日　２０１４年12月８日(月)　時間　14：00～15：30　開催場所　びぷれす熊日会館７階

三里木商工繁栄会　副会長（人参焼酎開発・販売）　宇野　功一氏
鼻ぐり井手ボランティアガイド　会長　矢野　誠也氏
菊陽町役場商工振興課　課長補佐　山川　和徳氏
株式会社野田商店　観光事業部　営業部長　森本　誠喜氏

◆紹介

「菊陽」は、その前身である菊陽村が、昭和30年、菊池郡津田村、原水村、上益城郡白水村の３村が合併して誕生した。昭和44年に町制を施行。昭和46年、熊本都市計画区域編入後、熊本県下一のマンモス団地である武蔵ヶ丘団地が建設され、急速に都市化が進展。さらに、国道57号（菊陽バイパス）の沿道などでは、土地区画整理事業も進み新たな住宅地や商業地なども形成。面積97ヘクタール、計画人口７０００人の住宅団地である光の森や、大型ショッピングセンターなどの立地により活気に満ち、県内外から多く移り住むことで、人口増加率も全国トップクラスの町となった。菊陽では農業が基幹産業であり、特に、ニンジン（菊陽ニンジン）の生産が有名で、国の産地指定を受けている。ニンジン栽培が盛んな理由としては、菊陽に積もっている阿蘇の火山灰（黒ボク土）はアルカリ性であり、これがニンジンを鮮やかなオレンジ色にする性質を持ち栽培に適していること、もうひとつは、阿蘇火山からの吹き下ろしの風が、ニンジン栽培に適した気温、湿度をもたらすことによるという。

＊参考「菊陽町」ホームページ

◆ねらい

菊陽は、阿蘇くまもと空港に向かうルート上にあり、空港利用者に菊陽をよりよく知ってもらい、空港に向かう途中にでも菊陽に一時滞在をしてもらえるよう、菊陽の魅力を発信したいと考えている。

◆取り組み

菊陽には加藤清正（永禄5〜慶長16年）が建設を命じたと伝えられる、全国的にも珍しい「鼻ぐり井手《いで》」がある。この井手を活用して菊陽の歴史を発信し、菊陽を訪れる観光客を増やそうとしている。本セミナーのパネラーである矢野氏によると、この井手は森林の伐採で初めてその遺構の全容が姿を現したという。菊陽の歴史を物語る宝であり、菊陽の魅力を発信し、今では人々が集うシンボルとなっているという。鼻ぐり井手は、菊陽町役場より熊本空港方面へ車で1分、白川を超えて交差点を左折し、坂道を下ったところにあり、熊本空港を利用する観光客にアピールができる絶好の場所にある。井手とは、人工的に作られた水路のことで、田畑に水を届ける機能を持つ設備のことである。山を切り開き、水路（井手）を通す必要から、岩盤掘削時に一部を壁のように残し、その下辺に半円型の高さ約2メートルの穴を繰り抜いてトンネル状にし

菊陽ニンジン
（菊陽町総務部 総合政策課）

キャロッピー
（菊陽町）

た。水流が穴の壁にぶつかった際に、渦を巻き上げ土砂と一緒にはき出されることにより、川底に土砂を溜めない仕組みが生まれ、この穴の形が牛の鼻輪を通す穴（もしくは、鼻輪本体）に極めて似ているところが、「鼻ぐり」の名称の由来とされている。

また、菊陽では、食文化の面でも菊陽の魅力発信に積極的である。特産の農産物であるニンジンを利用した焼酎作りが、それである。本セミナーのパネラーである宇野氏が中心となっての取り組みである。宇野氏は語る。

菊陽ニンジンを使ったお酒造りとは―　菊陽ニンジンを使った御菓子、ジュース、ドレッシングなど、すでに商品開発・販売はされていたが、菊陽ニンジン単品の特徴をメインに強く出す特産加工品として、菊陽ニンジンを使った酒造りの依頼を、平成19年の秋頃、菊陽の行政と商工会のほうから受けたことがきっかけ。酒造りは、芋焼酎製造のノウハウを持つ人吉市の深野酒造にお願いしました。菊陽ニンジンと米麹でフルーティーな焼酎を開発。ネーミングは公募で、本格キャロット焼酎『酔紅《よいべに》』としました。ラベルのデザインは、漫画「巨人の星」の作者で菊陽町在住の漫画家、川崎のぼる氏に手がけていただきました。本格的な販売は、平成21年3月からです。菊陽の風土が生み出した『酔紅』が、地元で消費されれば酒屋が潤い、酒屋が潤えば、農家が潤う。生産者、流通業者、消費者の笑顔の輪の循環が生まれます。小さな笑顔の輪が、大きな笑顔の輪となることを願っています。

菊陽セミナーの様子
（髙山秀造氏　2014.12.8撮影）

鼻ぐり井手（共に矢野誠也氏）

本セミナーのパネラーである矢野氏は語る。

◆成果

鼻ぐり井手が菊陽町のまちづくりに、もたらした成果は?— 平成20年の「鼻ぐり井手築造４００年祭」以降、毎年、鼻ぐり井手祭として、お祭りが定着しており菊陽町の観光スポット、地域活性化に寄与しています。子どもたちによる鼻ぐり井手ガイドにも力が入ってきています。住民主体でのお祭りを実施することで、地域の一体感が生み出され、郷土の誇りも熟成されました。菊陽町の全面的な支援と相まって、住民と菊陽町行政との融和、信頼感が高まりました。

鼻ぐり井手公園(矢野誠也氏)

◆その後

菊陽の歴史、鼻ぐり井手に触れてもらうことで菊陽の魅力を発信しようと、鼻ぐり井手公園拡張整備が計画された。平成25年7月14日付の熊本日日新聞の記事「歴史学ぶ管理棟　新設　菊陽町　鼻ぐり井手公園拡張へ」によれば、菊陽町は同町曲手の鼻ぐり井手公園の敷地を拡張し、井手の歴史を学べる機能を備えた管理棟を新設すると報じた。レクチャー室では鼻ぐり井手の歴史をビデオで学べるようにし、ボランティアガイドも常駐。このほかイベントやグラウンドゴルフなどに使える多目的芝生広場や子ども用遊具広場なども整備するとのことである。矢野氏は語った。「今後は、祭りの催行による地域への経済効果を上げることが必要です。そのために、公園拡張を機に、本格的に取り組むことになります。」

平成27年11月8日、新「鼻ぐり井手公園」が開園した。

◆トピックス　旅姿三人男

静岡県静岡市清水区の「清水港」を歌った、あまりにも有名な歌謡曲「旅姿三人男」。昭和14年、三根徳一こと、歌謡界の大御所、ディック・ミネ（明治41～平成3年）が歌い、大ヒットを続けた歌謡曲である。戦後も、石原裕次郎（昭和9～昭和62年）や美空ひばり（昭和12～平成元年）、そして五木ひろし、また最近では、氷川きよしもカバーした、大衆歌謡曲の代表曲である。この旅姿三人男を作詞した人物、宮本旅人《みやもとたびと》（明治40～昭和57年）は、菊陽の出身である。矢野氏からの情報によれば、菊陽町の中央公民館前に、旅人の歌碑があるという。作詞家以前に教員や焼鳥屋なども経験したといい、余った焼き鳥を与えていた犬が、後の「忠犬ハチ公」であったという逸話も残されているという。旅姿三人男に歌われている人物は、東海道の大親分、清水次郎長（文政3～明治26年）。駿河国《するがのくに》有渡郡《うどぐん》清水町美濃輪《みのわ》町（現、静岡県静岡市清水区）に生まれた次郎長は、江尻の巴川《ともえがわ》で年貢米を扱っていた実在の商人。喧嘩の末、清水湊に一家を構えたが、晩年は社会貢献事業に尽力をした人物として、静岡市清水区では親しまれている。

東海道五拾三次之内　江尻　三保遠望（国立国会図書館所蔵）

御船「〝太古〟の時代を知ろう！」

恐竜と水前寺菜で魅力作り―御船町―

実施日　2015年2月19日㈭　時間　14：00～15：30　開催場所　熊本市現代美術館5階

御船町恐竜博物館　主任学芸員　池上　直樹氏
御船町水前寺菜の里づくりの会　熊本県ふるさと伝統野菜研究家
　御船町農業振興課　営農指導員　古荘　俊夫氏
水前寺活性化プロジェクトチーム代表　永野　陽子氏
御船町役場　企画財政課長　吉本　正剛氏
株式会社野田商店　観光事業部　営業部長　森本　誠喜氏

◆紹介

「御船」は、北は益城町、東北は阿蘇郡西原村、東は山都町、北西は嘉島町、西は熊本市、南は美里町、南西は甲佐町と隣接。昭和30年、旧鯰郷の一部であった豊秋、小坂、陣の豊秋列村、旧木倉郷の七滝、滝水、木倉、高木の六ヶ村を合併、昭和37年、矢部町（現、山都町）中島の一部であった松ノ生を編入して誕生した。御船の名の由来は、景行天皇（生没年不詳）が九州を平定するため巡幸した際、景行天皇の「御船（おんふね）」が着岸したことによる、と伝承されている。南北朝期は、阿蘇家の一族が領有。天正15年、豊臣秀吉（天文6～慶長3年）によって肥後は分割され、御船は小西行長

吉無田水源
（御船町役場）

（永禄元～慶長5年）が統治。関ヶ原の戦いで行長が滅びると、支配は加藤清正（永禄5～慶長16年）に移り、その後は細川忠利（天正14～寛永18年）に移る。御船は阿蘇外輪山の伏流水である名水に恵まれており、毎分8トンの豊富な水量と良質な水質を誇る吉無田水源は、「熊本名水１００選」の一つに選ばれている。吉無田水源は、飲料水や農業用水が不足気味であった文化12年から慶応3年までに、植林事業が盛んに行われ、その結果、植林されたスギやヒノキがうっそうと茂り、豊かな水が供給できるようになったものである。透き通る冷たい清流は、現在でも御船町民の飲料水になっている。

＊参考「御船町」ホームページ

◆ねらい

御船は、恐竜化石の町「恐竜の郷」として有名である。恐竜博物館の活動を充実させ、利用者の生涯学習意欲の喚起と地域の人々の生きがい作りに寄与すると共に、交流人口の拡大を図り、地域経済の活性化を目指したい。

◆取り組み

御船町恐竜博物館は、平成10年4月に開館、平成12年4月にリニューアルオープンした。御船町立武道場を再利用し、きわめてリーズナブルに整備された。平成26年4月に待望の新館をオープンさせ、旧館のおよそ4倍の広さになった。「化石はかせ認定プログラム」、地質や化石を教材として大地の成り立ちや生命の歴史について楽しく学べるプログラム「パレオプログラム」など、楽しみながら学ぶことができるエデュテインメントの提供を積極的に行っている。ミュージアムショップでは、来館の思い出を持ち帰ってもらうことを目的として、恐竜や化石に関連

御船町セミナーの様子
（髙山秀造氏　2015.2.19撮影）

するハンカチ、Tシャツ、ボールペンなどのオリジナルグッズを販売している。

御船町恐竜博物館は、御船に経済的な効果も与えるが、本来の目的である教育・研究機関としての存在意義が強い。地域の自然や収集された資料などの研究から常に新しい情報を発信することを目指している。さらに、本来博物館が行うべきとされる「集める」「守る」「調べる」「伝える」「教える」という5つの活動すべてに、多くの人が参加・参画できるようにすることを目指しており、広く博物館活動が開かれている。特に見学の導線に組み込まれたバックヤードには、開かれた博物館を目指す姿勢がよく表れている。

以下は本セミナーのパネラーである池上氏と筆者によるやりとりである。

御船町恐竜博物館の展示物
「恐竜進化大行進」
（熊本日日新聞　2014.4.21）

地域の活性化における博物館の役割は―　博物館は資料を収集して保存し、調査研究、展示、教育普及という活動を一体的に行う施設であり、実物資料を通じて学習活動を支援することが第一義的です。そのため、地域の観光施設という位置づけではありませんが、とはいえ、地域の財産を保存し、活用していくことが博物館の役割でもありますから、その面からすれば、地域の観光の活性化にも寄与できるものと考えております。

御船町恐竜博物館と御船の活性化について総括すると?―　恐竜化石は、自然が奇跡的に残した財産であり、熊本の大地に、たくさん眠っています。御船地層群には世界に発信すべき恐竜化石の情報が保存されています。つまり、「本物の恐竜化石だから、人々が御船にやって来る」。これが御船の魅力の再発見となり、御船町恐竜博物館が、御船の活性化や交流人口の拡大に貢献していると考えております。

＊参考「御船町恐竜博物館」ホームページ

◆成果

御船町恐竜博物館の旧館では年間3万人程度の入館者であったが、新館（面積：1974平方メートル、総事業費：約8・5億円）は初年度で、17万人に達するほどの入館者を迎えた。福井県立恐竜博物館は平成12年7月に開館、面積1万5000平方メートル、総事業費：約140億円、年間入館者数：70万人である。福井は観光地としても有名であり、福井県立恐竜博物館は日本で初めての、恐竜の展示を中心とした博物館としても有名であるが、博物館のコスト・パフォーマンスからみた場合に、「有名観光地ではない地域にある町立の博物館として、コストを抑え入館者数を増加させたことは、特筆すべき成功事例に値する」と、池上氏は語った。平成27年11月12日付の熊本日日新聞の記事「御船町で発見　恐竜化石を特定　国内初　オルニトミモサウリア類　白亜紀後期地層から」によれば、御船町田代の約9千万年前の地層、御船層群から見つかった化石が、恐竜のオルニトミモサウリア類と分かった。同類の化石が白亜紀後期の地層から発見されたのは国内初であり、池上氏の論文が、英国の学術誌「ヒストリカルバイオロジー」電子版に掲載された。同恐竜は体長3～4メートルで、ダチョウに似た骨格。草食とされ、二足歩行で移動する。化石はモンゴルや北米でも見つかっており、日本では白亜紀前期のものが群馬県と福井県で発掘されているとのことである。

恐竜博物館主催の行事風景
（御船町恐竜博物館）

◆その後

御船は恐竜の町として有名であるが、水前寺菜の栽培でも有名である。本セミナーのパネラーである古荘氏が中心となり、栽培や販路拡大がなされている。水前寺菜とは、平成27年5月18日付の熊本日日新聞の記事「熊本の味

食べてみて　スイゼンジナ」によれば、熱帯アジア原産のキク科の多年草で、葉の裏が紫色なのが特徴とのこと。18世紀半ばに観賞用として中国から伝わり、かつて水前寺一帯で盛んに栽培されていたことから名が付けられた。葉は軽くゆでておひたしやあえ物、茎はきんぴらやてんぷらで味わえる。ゆで汁で米を炊くと、彩り鮮やかな淡い紫色になる上、もち米のような食感になるという。また老化防止などの効果があるとされるポリフェノールを多く含んでいる。近年水前寺での栽培がなくなっていたが、水前寺との交流を深めようと、近年水前寺成趣園内での栽培が始められ、水前寺菜を使った特産品の開発も考えられてきている。古庄氏は語る。

水前寺菜の栽培や販路拡大での苦労した点は？―　販売の流通に乗せることに、大変苦労しました。農家の方が生産に見合う単価設定をしないと、水前寺菜の栽培が滞ってしまいます。農家の方が安心して栽培できてこそ、熊本の伝統野菜を全国に発信できますし、それが、ひいては御船の活性化にもつながります。

古荘氏は、本セミナーのパネラーである永野氏が代表を務める「水前寺活性化プロジェクトチーム」と協力して、水前寺成趣園内で水前寺菜を栽培している。永野氏は語る。「昔からある肥後野菜の種を残し、良さを次世代につなげていくことが大切です。『水前寺』のネーミングをもつ水前寺菜は、水前寺の誇りでもありますので、水前寺成趣園内だけではなく、水前寺界隈で栽培し、水前寺を訪れる観光客の方々に、水前寺を代表する食材として提供できるよう、取り組みを進めていきたいと思います。」

水前寺菜の里づくりの会
（熊本日日新聞　2011.10.19掲載）

◆トピックス　宮部鼎蔵（御船）と河上彦斎（新町）

宮部鼎蔵《みやべていぞう》（文政3～元治元年）は倒幕運動の先駆けとなって活躍した。本名は宮部増実。益城郡田代村（現、御船町上野）で宮部家の長男として誕生。宮部家は、代々医者の家であったが、叔父である養父の家を継いで、山鹿流の兵学を修得。熊本藩の兵学師範。国学古典の研究を深め、長州藩の吉田松蔭（文政13～安政6年）との親交も深い。松陰と共に東北の常陸、陸奥を経て、蝦夷との境まで旅をし、諸国の志士と交わり、尊皇攘夷の信念に傾倒。熊本藩を尊皇攘夷に導くが、京都で幕府の力が強くなり、尊王攘夷派の勢力が後退。鼎蔵は元治元年、尊王攘夷派の勢力回復を目指して三条小橋の池田屋で行われた同志20数人との密談に参加。ところが、その情報を察知した新選組や会津藩などの幕府派に襲われ自刃（池田屋事件）。鼎蔵の同士に、河上彦斎《かわかみげんさい》（天保5～明治5年）がいる。生まれは新馬借町（現、新町3丁目）。兵学を鼎蔵に学んだ。後の明治9年、明治新政府に対する士族反乱、「神風連の乱（敬神党の乱）」の首領としても有名な大野鉄兵衛（太田黒伴雄。天保5～明治9年）とともに、尊王攘夷へと傾く。池田屋事件後の元治元年、熱烈な尊攘論者である彦斎は、佐幕派の佐久間象山（文化8年～元治元年）を三条木屋町で斬ったことから、「人斬り彦斎」の異名を持つ。東京小伝馬町にて斬刑。彦斎は、小柄、色白だったといわれ、少年コミック誌で連載された某人気漫画主人公のモデルにもなっている。新町セミナーのパネラーでもある毛利氏によれば、平成22、23年、新町青年会は「劇団きらら」の協力を得て、河上彦斎異聞「新町鳴々斗芝居・赤き心の花や咲くらん」を段山《だにやま》お旅所の能舞台で上演。大盛況を博したとのこと。御船と新町の奇縁である。

＊参考「熊本県」ホームページ

宮部鼎蔵の像
（御船町役場）

まとめ 以上の6事例より、「「歴史・自然・伝統資源の活用」によるまちづくり」に必要な要因として、次の3つが挙げられよう。

① 教育プログラムへの「参加・参画」
② 生活文化への「体験（体感）」
③ 地元住民との交流

ワンポイント経済学③ ― 環境経済学 ―

経済学の一分野に、「公共経済学（public economics）」がある。名称の通り、「公共財」を取り扱う経済学である。一般に、「財」は「私有財」であり、次の2つの特徴を持っている。①ピアノ・コンサートの入場チケットのように、チケットを購入しないと入場することができないが、入場を「独り占め」するものではなく、購入した人はだれでも入場が可能（排除可能性）、②レストランでのディナーのように、オーダーをして料金を支払ったひとだけがディナーを楽しむことが出来る（排他性）。これに対して公共財は、対価を支払わずとも利用できる特徴（非排除性、非排他性）を持っている。観光資源のほとんどは、この公共財である。「町並みを歩く」、「歴史街道を楽しむ」、「川で遊ぶ」など、対価を支払わなくても利用が可能である。しかしながら、観光資源は非排除性、非排他性の特徴を持っているからこその重大な問題点がある。それが、「共有地（コモンズ）の悲劇」と呼ばれるものである。

公共経済学の一分野に「環境経済学」があるが、それが教えるには、たとえば「乱獲」のように対価を支払わず、早い者勝ちで資源を利用すると、資源の枯渇が引き起こされる。世界遺産の屋久島に観光客が押し寄せることで、登山道が荒廃したことも、この乱獲に等しい。これが「共有地の悲劇」と呼ばれるものであり、対処策としては「富士山の入山料」のように、公共財の利用に「規制」を設けることが考えられている。

おわりに

平成28年4月14日、午後9時26分。

水前寺成趣園に近い熊本市中央区国府に住まう筆者は14日、大きな揺れを経験した。しかし、市内の被害はそれほどでもなく、市内から離れた益城の被害を伝えるニュースに、ただただ驚かされるばかりであった。しかしながら、夜も明けた15日、それほどでもないと思われた市内の様子が徐々に報道されると、熊本城が崩れたという、耳を疑うニュースに驚かされた。筆者は15日の夕方、時刻は午後5時22分、次の文章を熊本日日新聞にメールで投稿している。

「一夜明けた熊本市内、テレビ各局が伝える被災地の現状の中、益城の惨状は言うばかりもないが、筆者が最も強烈な印象を受けたのは、熊本城の崩壊である。ヘリコプターから映し出される傷ついた熊本城の姿。石垣の崩壊、瓦屋根の崩落、何と言っても、鯱（しゃちほこ）が消えた天守閣。堅固、不落を誇る熊本城の痛々しさに筆者は、信じがたさと驚き、大げさに言

地震後の熊本城

地震後の水前寺参道

えば、焦土と化した寂しさを覚えた。トップクラスの名城の崩壊は、熊本の観光に甚大なマイナスをもたらすこと、間違いないだろう。復元にどれほどの費用と時間がかかるのであろうか、現段階では計り知れない。新幹線や高速道路の復旧も、これから時間が経過するにつれて、その困難さの全体像が浮き彫りになっていく。数え上げれば難題ばかりであるが、熊本にとっては「未曾有」とも言える今回の地震被害を、熊本人の英知で一つ一つ乗り越えていこう。防災と観光をあらためて見直すきっかけとして、力強く、進んでいこう」（投稿時の原文ママ）。

それから8時間後の4月16日、午前1時25分、「その時」がやってきた。益城のみならず、阿蘇大橋の崩落、阿蘇神社の全壊、井樋橋の崩壊、熊本城のさらなる悲惨な崩壊、出水神社参道の大鳥居の全壊。被害は更に拡大し、14日が「前震」、16日が「本震」との気象庁の発表に、誰しもが驚きを隠しきれなかったであろう。新幹線の脱線、高速道路の寸断。住居も全壊が目立ち、食料や衣料・ガス・電気・水道のライフラインが止まり、日常生活は完全に崩壊した。地震の被害は湯布院（大分県）にまで広がり、「九州は一体、どうなってしまうのだろう」との不安感と喪失感に苛《さいな》まれる日々が続くこととなった。

一連の地震は、「平成28年（２０１６年）熊本地震」（The 2016 Kumamoto Earthquake）と気象庁が命名した。「がんばる熊本」を応援すべく、各地で熊本の物産を販売するチャリティー・マルシェが開催されているが、筆者が理事長として静岡市で運営するＮＰＯ法人フードツーリズム研究所でも、清水駅前銀座商店街（静岡市清水区）で「熊本・天草応援マルシェ」を開催した。ちなみに、上記で紹介した熊本日日新聞への投稿は、「熊本地震　熊本の英知で乗り越えよう」のタイト

静岡市で開催された「熊本・天草応援マルシェ」の様子
（中日新聞東海本社版2016.6.21付朝刊　西山輝一氏）

ルで、平成28年4月20日付で掲載された（「読者ひろば＝テーマ特集・熊本地震 平成28年熊本地震」）。

さて、本書はゲラの直前、熊本地震を経験した。そのため、本書では熊本地震前の熊本のまちづくりを紹介しており、挿入されている写真は、熊本地震以前の「よき熊本」である。すなわち、本書は熊本地震前の熊本の様子を伝える、熊本地震後に初めて出版される熊本のまちづくりに関する本という位置づけになる。その意味では貴重な出版物といえるであろう。


本書を刊行するにあたり、数え切れないほど多くの方々から、ご協力をいただきました。この場をお借りして、こころよりの御礼を申し上げます。中でも、いつでも笑みを絶やさず、毎回、熊本地域セミナーの様子を撮影していただいた高山秀造先生（熊本学園大学）、全セミナーでパネラーをお引き受けいただき、「まちづくりは、点が線となり、線が面となることが大切」との持論をユニークに披露していただいた、自称、熊本の坂本竜馬こと森本誠喜氏のお二人には、あらためて、心よりの御礼を申し上げます。

最後に、このような貴重な出版の機会をお与えいただき、出版までご仲介いただいた熊日出版の今坂功氏、筆者の遅々たる原稿にも粛々と対応いただいた伊藤香子氏のお二人にも、あらためて心よりの御礼を申し上げます。

本書を皆様とともに作り上げることができたことに、心より感謝いたします。

平成28年7月11日

水前寺成趣園でまちづくりについて語る筆者
（熊本日日新聞　2015.7.18掲載）

新田時也（にった　ときや）
昭和39（1964）年１月　広島市宇品生まれ
東京学芸大学教育学部数学科卒　教育学士
平成５年３月　亜細亜大学より修士（経済学）
平成22年３月　静岡大学より博士（工学）

明治大学附属中野高校　数学科非常勤講師などを経て平成10年４月東海大学海洋学部に講師として奉職。

現在は東海大学現代教養センター所属。熊本キャンパスに准教授として奉職。

「食」の文化と経済学研究室。専門は観光経済学。

主な論文

【博士論文】

「生物進化と持続可能性社会システムの研究：集団と個の最適化比較」（2010年３月）

「教育旅行誘致の意義とその方策に関する一考察　静清教育旅行誘致協議会の事例研究を通して」（東海大学紀要海洋学部，『海－自然と文化』，第２巻第２号，63-75頁，2004年）

「観光地の荒廃問題に関する最適化理論からのアプローチ」（日本国際観光学会，『日本国際観光学会論文集』，第17号，19-23頁，2010年）

くまもと地域づくり事例18選

2016（平成28）年９月10日　初版　第一刷発行

著者／新田時也

発行／熊本日日新聞社

制作・発売／熊日出版（熊日サービス開発株式会社出版部）
〒860－0832
熊本市中央区世安町172
電話096（361）3274
URL : http://www.kumanichi-sv.co.jp

装丁／内田直家

イラスト／満田泰子

印刷／シモダ印刷株式会社

©Nitta Tokiya　2016 Printed in Japan

定価は表紙カバーに表示してあります。
本書の記事の無断転載は固くお断りします。
落丁本、乱丁本はお取り替えいたします。

ISBN978-4-87755-542-9　C0033